013

신화란
무엇인가

대우휴먼사이언스 013

신화란 무엇인가

신화의 이론과 의미

로버트 시걸 지음 | **이용주** 옮김

아카넷

서론

신화에 관한 여러 이론들

　이 책은 '신화'에 대한 안내서가 아니라 신화에 대한 '접근법', 즉 '신화 이론'에 대한 안내서이며, 또한 그 범위는 근현대 이론에 한정된다. 신화 이론은 신화 그 자체만큼이나 오래되었다. 신화 이론은 최소한 소크라테스 시대 이전으로 거슬러 올라가는 것이 분명하다. 그러나 19세기 이후의 근현대 이론들만이 과학적이라고 생각된다. 왜냐하면 그때로부터 비로소 사회과학이 존재하게 되었기 때문이고, 그중에서도 인류학, 심리학 그리고 사회학이 신화 연구에 가장 크게 공헌하였기 때문이다. 초기 이론들이 대체로 사변적이고 추상적이었다면 과학적 이론은 훨씬 더 축적된 정보에 근거를 둔다. 근현대의 중요한 신화 이론들은 고색창연한 철학과 문학 분과에서 파생되어 나왔지만 여전히 사회

과학의 영향을 반영한다는 사실은 부정할 수 없다.

엄격하게 말해서 신화 이론은 훨씬 더 큰 영역에 대한 이론이다. 인류학적 신화 이론은 여러 영역 중에서 특히 신화에 **적용된** 문화에 대한 이론이다. 심리학적 신화 이론은 마음의 이론이고, 사회학적 신화 이론은 사회에 대한 이론이다. 신화라는 용어는 대단히 넓은 의미를 가지고 있지만, 신화에만 적용되는 신화만의 이론이란 존재하지 않는다.

학문 분과와 상관없이 신화 연구를 가로지르는 몇 가지 중요한 질문이 있다. 그중에서 기원origin, 기능function, 주제subject matter는 가장 중요한 질문이라고 말할 수 있다. '기원'에 대한 질문은 신화는 왜 그리고 어떻게 생겨났는지를 묻는다. '기능'에 대한 질문은 신화가 사라지지 않고 지속되는 이유와 신화의 존재 방식에 대해 묻는다. 신화의 기원과 기능에 대해 물을 때 주어지는 대답은 대부분 '필요성need'을 내세운다. 어떤 필요성을 충족시키기 위해 신화가 생기고, 그 필요성을 계속적으로 충족시키기 때문에 신화가 지속된다고 말하는 식이다. 그때 필요성이라는 것이 정말로 무엇을 의미하는지는 이론마다 서로 다르다. '주제'를 묻는 세 번째의 질문은 신화가 지시하는 대상에 대한 것이다. 어떤 이론은 신화를 문자적으로 읽기 때문에, 신화는 직접적이고 분명한 어떤 존재, 즉 신을 대상으로 삼는다고 주장한다. 또 다른 이론은 신화를 상징적으로 읽기 때문에, 신화가 상징하는 것은 자연현상이거나 인간의 본성이라고 주장한다.

신화의 이론은 위에서 말한 세 가지 물음에 대한 대답의 차이 때문에 달라지기도 하고, 각 이론이 던지는 질문 내용의 차이 때문에 달라지기도 한다. 어떤 이론, 혹은 어떤 학문 분야는 신화의 기원을 밝히는 데 집중한다. 다른 이론, 다른 분야는 기능 문제에 집중한다. 또 다른 이론은 주제에 초점을 맞추기도 한다. 그러나 극소수의 이론들만이 세 가지 질문 모두에 대해 답을 주려고 한다. 신화의 기원이나 기능을 해명하고자 하는 이론들 중에서, '왜'와 '어떻게'라는 문제 중에서 어느 하나에만 관심을 가지는 것도 있다.

전통적인 해석에 따르면, 19세기의 이론들은 대체로 기원에 관심을 가졌으나, 그 이후의 이론들은 대체로 기능과 주제에 관심을 가졌다고 한다. 그러나 그렇게 정리하고 나면, '역사적 기원historical origin'과 '반복적 기원recurrent origin'의 혼동이 일어난다. 신화의 기원을 밝힌다고 주장하는 이론들은 신화가 언제 어디에서 처음으로 발생했는지에 대해서는 큰 관심을 기울이지 않는다. 기원의 이론은 신화가 발생하게 된 이유와 과정, 나아가 신화가 발생하는 시기와 장소에 대해 말한다. 끊임없이 발생하고 되풀이되는 신화의 '반복적 기원'이라는 문제는, 19세기의 이론들뿐 아니라 20세기의 이론들 역시 크게 관심을 가지는 주제였다. 신화의 기능과 주제라는 문제는 20세기의 이론들 못지않게 19세기의 이론들 역시 관심을 가졌던 것이다. 나아가 기원과 기능의 의미라는 문제는 19세기의 이론이든 20세기의 이론이든 동일하게 관심을 가졌던 것이기도 하다.

물론, 19세기의 이론들과 20세기의 이론들 사이에는 분명한 차이점이 있다. 19세기 이론들은 신화의 주제는 자연세계이며, 신화의 기능은 자연세계에 대한 문자적 해설이라고 보는 경향이 있다. 19세기의 이론은 신화를 전형적으로 '과학'에 대한 '원시적 primitive'인 대응물이라고 본다. 그리고 그때 그들은 당연히 과학을 현대적인 것이라고 간주했다. 과학을 지지하는 사람들은 신화가 허황된 것일 뿐 아니라 절대로 과학과는 양립할 수 없는 것이라고 보았다. 따라서 그들은 과학적이라고 규정되는 현대인들이 신화를 부정하는 것이 당연하다고 생각했던 것이다.

하지만, 대체로 20세기의 이론들은, 주제나 기능의 측면에서, 신화가 과학에 비해 시대착오적인 것이거나 낙후된 것이라고는 볼 수 없다고 생각하는 경향이 있다. 현대인이 과학을 수용했기 때문에 신화를 포기해야 하는 것은 아니라는 것이다. 프리드리히 니체F. Nietzsche는 20세기가 시작하는 1900년에 세상을 떠났지만, 분명히 시대를 앞선 20세기적 이론의 선구자라고 말할 수 있는 것이다.

기원, 기능, 그리고 주제라는 질문 이외에도, 신화는 보편적인가, 신화는 사실인가, 등등 신화와 관련하여 자주 제기되는 질문들이 있다. 이런 질문들에 대한 대답은 처음의 세 가지 질문에 대한 대답 안에서 도출될 수 있다. 신화가 자연의 운행을 설명하는 기능을 가진다고 말하는 이론은 신화적 설명이 과학적 설명과 모순되는 것이라고 판명될 때에는 신화의 허구성을 강조하는 방향으로 나아간다. 그리고 신화의 사회 통합적 기능을 강조하는 이론은 구성원들이 준수해야 하는 규범이 과거의 위대한 조상들에 의해 이미 오래전에 규정된 것이라는 믿음을 가질 때 사회가 통합을 확보할 수 있다고 주장함으로써 신화의 진실성의 문제를 우회해 나갈 수 있다.

신화의 정의

나는 신화를 이야기story라고 정의할 것이다. 그리고 나중에는 이야기라는 개념을 텍스트text와 서사narrative의 둘로 구분하겠지만, 당분간은 그 개념을 일반적인 의미로 사용할 것이다. 그렇다면 신화는 이야기라고 하는 말은 너무나 자명한 것이 된다. 물론 더 넓은 의미로, 신화는 신념이나 신조라고 말할 수도 있을 것이다. 미국식으로 '가난뱅이에서 부자가 되는 신화'라든가, '서부 개척 신화' 같은 것을 예로 들 수 있을 것이다. 호레이쇼 앨저_{Horatio Alger}는 가난뱅이에서 부자가 된 신화를 소재로 삼는 수십 권의 대중소설을 썼지만, 그런 신화는 옛날부터 존재하고 있었고 그의 작품이 인기를 잃은 이후에도 계속 존재하고 있다. (정확하게 말하자면, 그의 작품 속 인물은 자신들의 근면함 때문에 부자가 되지 않는다. 부자를 위해 용감하고 정직한 행동을 했던 아이가 부자에게 입양되었기 때문에 부자가 된다는 것이 주된 내용이었다.) 마찬가지로 서부 개척 신화 역시 그런 이야기들로 가득하다.

어쨌든, 이 책에서 나는 신화란 하나의 이야기일 뿐 아니라 앞으로 논의하게 될 신화 이론들 역시 신화를 이야기라고 보았다고 생각한다. 예를 들어, 레비스트로스_{C. Lévi-Strauss}는 이야기를 넘어서는 신화의 '구조' 문제에 관심을 기울인다. 그러나 그럼에도 불구하고, 신화의 '구조'가 이야기라는 형식을 통해서 전달되고 있다는 사실은 부정할 수 없다. 신화를 문자적인 것이 아니라 상징적인 것이라고 보는 이론들 역시 신화의 상징적인 주제, 즉 신화의 의미는 이야기의 전개 과정을 통해서 드러나는 것임을 당연시한다.

이처럼 신화를 하나의 이야기라고 본다면, 그 이야기는 무엇에 대해 말하는 것일까? 민담 연구자들은 신화를 세계의 창조에 관한 이야기라고 주장한다. 그렇다면, 성경 안에서 신화로 분류

신화란 무엇인가

할 수 있는 것은 오직 두 종류의 창조 이야기「창세기」 1장과 「창세기」 2장
와 에덴동산 이야기「창세기」 3장, 그리고 노아의 방주 이야기「창세기」 6
장~9장 정도뿐이다. 그 세 가지 이야기를 제외하고는, 성경 안에 등
장하는 다른 모든 이야기는 전설이나 민담으로 분류할 수 있다.
민담 연구자들의 주장에 따르면, 오이디푸스 '신화'는 실제로는
전설로 분류된다. 그러나 나는 신화를 이렇게 엄격하게 정의하는
방식을 따르지 않고, 신화란 중요한 어떤 것에 대한 이야기라고
조금 더 단순하게 정의할 것이다. 따라서 엘리아데M. Eliade와 말리
노프스키B. Malinowski가 말했던 것처럼 신화는 과거에는 물론 현재
와 미래에도 만들어질 수 있는 것이다.

종교학에서 유래한 이론들은 대체로 신화의 주인공이 신이거
나 신에 가까운 존재라고 본다. 하지만 그 문제에 대해서도 나는
너무 엄격한 기준을 들이대지는 않을 것이다. 신이나 신적인 주
인공이 신화를 구별하는 기준이 된다면, 신에 대해서만이 아니라
인간의 삶에 대해서 많은 것을 이야기하는 히브리 성경의 대부분
은, 창세기의 처음 두 장을 제외하고는, 전부 신화가 아니라고 평
가해야 할 것이기 때문이다. 간접적으로는 신과 관련이 없는 경
우가 없다 하더라도 어쩔 수 없다. 따라서 나는 이야기의 주인공
이 신이든 신적 존재이든, 아니면 인간이거나, 심지어 동물이라
고 하더라도 단지 인격적 존재personalities로 이야기되기만 한다면,

크게 문제가 되지 않는다고 생각한다. 물론 플라톤의 '좋은good'과 같은 비인격적 힘은 논외로 제외한다. 타일러E. B. Tylor는 신화의 인격적 특성에 대해 큰 관심을 가졌던 이론가이지만, 앞으로 논의하게 될 이론가들 대부분은, 레비스트로스를 제외하고는, [신화의] 인격적 특성을 당연시하는 경향이 있다. 인격적 존재는 행위의 주체이자 행위의 대상이 될 수 있기 때문이다.

앞으로 우리가 살펴볼 거의 모든 이론가들은 신화의 '기능'에 대해 관심을 가지고 있다. 물론, 루돌프 불트만Rudolf Bultmann과 한스 요나스Hans Jonas는 예외다. 특히 말리노프스키는 거의 전적으로 '기능' 문제에 초점을 맞추고 있다. 신화의 '기능'이 무엇인지에 대해 이론가들 사이의 합의를 끌어내는 것은 불가능하다. 나역시 신화의 '기능'이 무엇이라고 단정적인 결론을 내리지 않을 것이다. 단지 여기서 나는 모든 이론가들이 전설과 민담의 '기능' 문제는 가볍게 취급하는 반면, 신화의 기능 문제에 대해서는 진지한 관심을 가지고 있다는 사실을 지적하는 것으로 만족할 것이다. 그리고 하나의 신화는 그 신화를 믿고 따르는 사람들에게는 중요한 것이지만, 그렇게 해서 그들이 [정말로] 얻는 것이 무엇인지에 대해서는 말하지 않을 것이다.

최근에는 신화는 가짜다, 혹은 신화는 '단지' 신화일 뿐이다, 라는 주장도 자주 나오고 있다. 예를 들어, 『유명인 엑스: 신화와 현실*Celebrity X: The Myth and the Reality*』이라는 제목으로 여러 종류의 책이 출간되어 있다. 1997년 윌리엄 루빈스타인_{William Rubinstein}은 『구출 신화: 과연 민주국가들은 나치로부터 더 많은 유대인들을 구출할 수 없었을까』라는 책을 출간하기도 했다. 그 책의 경우 제목이 모든 것을 다 말해준다. 루비스타인은, 2차 세계대전 동안, 연합국이 그럴 마음만 있었다면 더 많은 유대인을 구출할 수 있었을 것이라는 일반적인 확신에 대해 이의를 제기한다. 그는 연합국이 당시 유럽의 반유대주의로 인해 유대인들에게 무관심 했기 때문에 유대인 구출에 소극적이었다는 일반적인 가설에 도전한다. 그 책에서 루빈스타인은 '신화'를 '잘못된 신념'이라든가 '대중적인 오해'와 같은 완곡한 의미로 사용하지 않는다. 오히려 그는 당시 유럽에 반유대주의라는 것이 실제로 존재했다고 믿고 싶어 하는, 사람들의 '비뚤어진 확신'을 '신화'라고 부르고 있다. 그는, 사실이 아님에도 불구하고 사람들이 끈질기게 믿고 싶어 하는 어떤 무엇을 '신화'라고 부르고 있는 것이다.

한편, '가난뱅이에서 부자가 된 신화'에서 '신화'는 긍정적인 의미를 가지고 있지만, 그 경우에도 그것은 확신에 찬 어떤 희망을 의미한다. 때때로 확신은 명백한 허위임이 드러난 다음에도 여전히 힘을 가지고 있기 때문에 허위로 판명된 확신이 진짜 확신보다 더 큰 영향력을 갖고 있는 것처럼 보인다. 그러나 소중히 간직해 온 진짜 확신도 특별히 설득력 있는 증거에 의해서 지지되기만 한다면 가짜 확신만큼이나 강력하게 매혹적인 것이 될 수도 있다. 역설적이게도, '가난뱅이에서 부자가 된 신화'를 더 이상 믿지 않게 된 미국인들은 더 이상 그것을 '신화'라고 부르지 않는다. 왜냐하면, 그것이 가짜라는 사실이 드러났기 때문이다. 나는 신화를 이야기라고 간주하며, 그런 입장을 지지하는 사람들은 여전히 존재한다고 생각한다. 하지만, 이야기 그 자체는 참일 수도 있고 거짓일 수도 있다.

아도니스 신화

이어지는 논의에서 나는 우리에게 친숙한 아도니스 신화의 해석을 통해 여러 이론을 비교해보려고 한다. 아도니스 신화의 주요 전거는 아폴로도로스Apollodorus의 『그리스 신화집』제3권, 14장과 오비디우스Ovidius의 『변신』제10권이다.

『그리스 신화집』에서 아폴로도로스는 서사시 시인 파니아시스Panyasis가 쓴 이야기에 근거하여 다음과 같은 이야기를 전하고 있다. 아도니스의 어머니 스미르나Smyrna는 자기 아버지의 매력을 거부할 수 없어서 결국 아버지의 아들을 임신하기에 이른다. 스미르나의 아버지는 전날 밤에 자기와 동침한 여인이 바로 자기 딸 스미르나였다는 사실을 발견하고 딸을 죽이기 위해 칼을 뽑았다. 그러나 스미르나는 무서워서 도망을 쳤고, 아버지는 딸의 뒤를 쫓아갔다. 스미르나가 아버지에게 붙잡히려고 하는 바로 그 순간, 자신의 모습이 사라지게 해달라는 기도를 한다. 스미르나를 불쌍하게 여긴 신들은 그녀의 모습을 변화시켜 미르myrrh 나무로 만들어 주었다. 그리고 10개월이 지난 후, 미르 나무가 활짝 열리면서 아도니스가 태어났다.

그때 아프로디테Aphrodite는 하늘에서 줄곧 아도니스를 관찰하고 있었다. 그리고 아프로디테는, 스미르나가 자기 아버지에게 반했던 것처럼, 태어날 때부터 탁월한 아름다움을 지닌 아도니스에게 홀딱 반했다. 아프로디테는 아도니스를 갖기 위해 그를 상자 안에 숨겼다. 그리고 그 상자를 아무것도 모르는 하데스(지하세계)의 여왕 페르세포네Persephone에게 맡겼다. 나중에 페르세포네는 우연히 아프로디테가 맡겨둔 상자를 열었고, 거기에 숨겨져 있던 아도니스에게 반해버렸다. 페르세포네는 상자를 아프로디테에게 돌려주는 것을 거부했다. 결국 그 두 여신은 신들의 왕 제우스에게 찾아가 판결을 요구한다. 제우스는 1년 동안의 3분의 1은 페르세포네가 아도니스와 함께 지내고, 다른 3분의 1은 아프로디테가 아도니스와 함께 지내며, 나머지 3분의 1은 아도니스 혼자서 지내야 한다는 결정을 내렸다. 먼저 아도니스는 아프로디테와 함께 시간을 보내기로 한다. 아프로디테의 보호를 받으며 평화로운 시간을 보내던 아도니스는 어느 날 사냥을 나갔으나, 그 사냥에서 멧돼지의 뿔에 목숨을 잃고 만다. 아폴로도로스는 이름이 알려지지 않은 다른 버전을 우리에게 전해준다. 그 버전에 따르면, 아도니스 때문에 아프로디테의 연인이 되는 것에 실패한 전쟁의 신 아레스Ares의 복수 때문에 죽음을 당하게 되었다고 한다.

오비디우스의 버전 역시 아도니스의 어머니 뮈라Myrrha와 그녀의 아버지인 키니라스Cinyras 사이의 근친상간에 대해 말한다. 아버지를 사랑하게 된 뮈라는 고통에서 벗어나기 위해 스스로 목숨을 끊으려고 했다. 뮈라가 목숨을 끊으려는 순간, 늙은 유모가 그녀를 구해낸다. 그리고 유모는, 아폴로도로스의 이야기에서와 마찬가지로, 뮈라가 절망으로부터 헤어날 수 있도록 그녀를 아버지의 침실 안으로 들이는 계획을 실현에 옮긴다. 그러나 3일째 밤에 뮈라의 아버지는 자신과 동침한 여인이 누구인지 확인하기 위해 불을 밝히라고 명령한다. 그리고 자신이 딸과 동침한 사실을 발견한 뮈라의 아버지는 칼을 뽑아 딸을 죽이려고 했다. 이 부분은 아폴로도로스 버전과 일치한다. 겁에 질린 뮈라는 아버지에게서 도망을 쳤고, 임신한 채로 9개월을 떠돌아 다녔다. 결국 지칠 대로 지친 뮈라의 기도를 듣고 그녀를 불쌍하게 여긴 신들의 도움을 받아 뮈라는 나무로 변했다. 이 부분 역시 아폴로도로

신화란 무엇인가

스의 버전과 일치한다. 오비디우스의 버전에서 뮈라는 임신 초기가 아니라 임신 말기에 나무로 변했다는 점이 특이하다. 그러나 나무로 변한 다음에도 뮈라는 눈물을 흘릴 수 있을 만큼의 인격이 남아 있었다. 그리고 그 눈물에서 미르향이 흘러나왔다. 아직 그녀의 몸속에 살아 있던 아기는 힘겹게 나무껍질을 뚫고 세상에 나왔다.

아폴로도로스의 버전과 달리, 오비디우스의 버전에서는, 청년 아도니스를 만난 비너스아프로디테의 로마식 이름는 첫눈에 아도니스를 사랑하게 되었다고 한다. 그리고 역시 아폴로도로스의 버전과 달리, 오비디우스 버전은 다른 여신과의 경쟁 관계를 말하지 않는다. 따라서 비너스가 아도니스를 독차지했다. 그리고 그들은 함께 사냥을 다녔다. 비너스는 아도니스에게 덩치가 큰 동물을 조심하라고 주의를 주었다. 젊은 아도니스는 그런 경고를 무시하고 작은 동물은 거들떠보지도 않았다. 마침내 아도니스는, 아폴로도로스의 버전에서와 마찬가지로, 멧돼지의 뿔에 상처를 입고 목숨을 잃고 말았다. 오비디우스의 버전에서는 비너스의 사랑을 구하던 경쟁자는 등장하지 않는다.

아폴로도로스의 버전에서 이야기는 아도니스의 죽음으로 끝이 난다. 그러나 오비디우스의 버전에서 이야기는 아도니스를 잃은 비너스의 슬픔에 대해 말해준다. 비너스는 아도니스를 추모하기 위해 그가 흘린 핏자국 위에 신들의 음료 넥타르nectar를 뿌렸다. 그리고 거기서 아네모네 꽃이 피어났다. 그 꽃은 아도니스의 생명처럼 아주 짧은 동안만 피고 졌다.

아폴로도로스 버전에서는, 아도니스가 죽음과 재생의 순환 주기를 의미하는 1년을 채우지 못하고 죽었다. 그러나 오비디우스 버전에서, 아도니스는 피고 지는 꽃의 형태로 1년 주기의 순환을 반복한다. 아네모네 꽃을 재배하는 것은 아도니스의 신화와 관련된 의례가 존재했음을 알려주지는 않는다. 아폴로도로스 버전에서도 꽃과 의례 사이의 연결 고리는 드러나지 않는다.

한편, 아폴로도로스의 버전에서는 분노가 일련의 사건의 주요 동기였다. 그러나 오비디우스 버전에서는 사랑이 사건의 주요 동기가 되고 있다. 아폴로도로스 버전에서 아도니스는 아버지와 딸 사이의 갈등, 나아가 경쟁하는 두 여신 사이의 갈등의 무고한 희생자인 반면, 오비디우스의 버전에서 위로받지 못하는 아프로디테[=비너스] 역시 아도니스 못지않은 희생자로 등장한다.

아폴로도로스는 이 이야기가 진실한true 것이라고 전해주지만, 오비디우스는 그것이 단순히 만들어진 이야기fiction라고 전한다. 아폴로도로스는 그것을 직설적으로 이야기해 주지만, 오비디우스는 변신이라는 큰 주제 안에 끼워 맞추기 위해 뮈라는 나무가 되었고 아도니스가 꽃이 되었다는 식으로 그 이야기를 변형시킨다. 아폴로도로스는 자기 이야기가 문자적인 사실로서 수용되기를 원했지만, 오비디우스는 자기 이야기가 은유적으로 읽혀지기를 원했다.

여기서 내가 신화 이론을 적용하기 위해 아도니스 신화를 예로 드는 이유는, 무엇보다 그 이야기가 세부적으로 서로 다른 내용을 가진 여러 버전으로 전해지고 있으며, 동시에 그것이 현대의 여러 신화 연구자들에게 대단한 인기를 누린 이야기였기 때문이다. 프레이저 경Sir J. Frazer과 레비스트로스, 초기에는 레비스트로스와 거의 같은 의견을 가지고 있었던 마르셀 데티엔Marcel Detienne, 나아가 칼 융C. G. Jung과 그의 후계자들 역시 아도니스 신화를 대상으로 분석을 진행했던 것이다.

이론을 신화에 적용하기

나는 신화에 대한 이론을 만드는 작업이 단순한 선택이 아니라 필연적인 일이라고 생각한다. 예를 들어, 표준적인 신화 핸드북은 아도니스가 매번 페르세포네에게로 돌아가고 식물의 생장과 함께 다시 아프로디테에게 돌아오는 것을 근거로 신화가 과학에 대한 원시적 대응물이라고 보는 관점을 당연한 것으로 전제한다. 이처럼, 신화가 이론을 필요로 하는 만큼이나 이론도 신화를 필요로 한다. 이론이 신화를 해명한다면, 신화는 이론을 뒷받

침한다. 어떤 하나의 이론을 신화에 완전하게 적용할 수 있다고 하는 사실 자체는 그 이론의 진리성을 보증해주지는 않는다. 이론은 이론 그 자체의 논리에 의해 확립되기 때문이다. 예를 들어, 칼 융의 이론이 아도니스 신화를 그럴듯하게 설명할 수 있다고 해서, 융이 주장하는 '집단 무의식collective unconscious'의 존재가 확증되는 것은 아니다. 오히려 그 반대로, 집단 무의식이 그런 이론적 설명의 전제이기 때문에 그런 설명이 가능해지는 것이라고 말할 수 있다. 간접적인 방식이기는 하지만, 어떤 이론을 입증하는 방법 중의 하나는, 이론이 주장하는 전제가 당연하다고 가정하는 바로 **그 상황에서**, 그 이론이 얼마나 잘 작동하는지를 보여주는 것이다. 만약 이론이 제대로 작동하지 않는다고 판명된다면, 그 이론은 분명히 틀렸거나 한계를 가지고 있다고 생각할 수 있다는 것이다.

나는 이 책의 개정판을 내기 위해 많은 부분을 수정했다. 무엇보다 신화와 과학의 화해 가능성에 대한 논의와 최근에 등장한 가이아Gaia 신화를 덧붙인 것이 큰 변화다. 이 개정판에서는 초판의 '신화와 사회'라는 장을 '신화와 정치'로 바꾸었다. 또한 초판에서 '원시적primitive'이라는 단어에 붙였던 작은따옴표는 과거 이론가들이 사용하였던 용어의 부적절함을 인정했기 때문에, 모두 제거했다.

차례

1

신화와 과학

서구에서 신화에 대한 도전은 적어도 플라톤까지 거슬러 올라간다. 플라톤은 특히 윤리적인 이유 때문에 호머의 신화를 거부했다. 신화를 우화적으로 재해석함으로써 윤리적 관점에서 신화를 방어하고자 했던 것은 무엇보다도 스토아학파였다. 그러나 신화에 대한 주요한 현대적 도전은 윤리가 아니라 과학으로부터 온 것이었다. 현대적 이론들은 신화는 신들이 자기들끼리의 관계 속에서 어떻게 행동하는지를 알려주는 [우화적] 이야기가 아니라, 신들이 어떻게 자연세계를 지배하는지를 알려주는 [과학적] 설명이라고 받아들인다. 플라톤은 신화가 신들을 비도덕적인 행위자로 제시한다고 그것을 비난했지만, 현대의 비판자들은 신화가 세계를 비과학적으로 설명한다고 그것을 부정했다.

신화와 과학

진정한 과학으로서의 신화

신화에 대한 현대적 도전은 신화의 과학적 신뢰성을 문제 삼는다. 구약성서의 창세기에 나오는 두 종류의 창조 이야기 중에서, 첫 번째 이야기1:1-2:4a가 주장하는 것처럼 천지창조는 실제로 엿새 만에 일어났는가? 전 세계적인 홍수가 실제로 있었는가? 대지가 실제로 겨우 6천년 혹은 7천년 정도의 역사를 가지고 있는가? 열 가지 재앙이 이집트인들에게 실제로 일어났는가? 이러한 도전에 대한 가장 완고한 대응은 '모세오경'은 신의 계시를 기록한 것이므로 성서의 모든 이야기가 문자적으로 틀림이 없다는 입장을 견지하는 것이다. 소위 '창조론'이라고 알려진 이러한 입장은 여러 가지 형태를 가지고 있다. 어떤 것은 창조의 시간이 정확히 6일을 의미한다고 해석하고, 다른 것은 여기서 하루는 정말 하루가 아니라 하나의 '시대age'를 의미한다고 해석한다. '창조론'은 다윈의 『종의 기원』1859에 대한 반작용으로 나타났다. 다윈은 생명 종들이 독립적이고 동시적으로 창조된 것이 아니라 서로 다른 종으로부터 점차적인 변화를 거치면서 나타났다고 주장한다. '창조론'이 창조에 대한 성서적 설명을 번역하는 과정에서 강도가 약해지지 않고 오히려 타협의 여지가 없을 정도로 문자주의적인literalist 입장을 갖게 된다는 사실은 놀랍다.

모든 형태의 창조론자들은 자기들의 관점이 종교적인 것이라

26

고 생각하지 않는다. 거꾸로 그들은 확고하게 자기들이 종교적
일 **뿐 아니라** 동시에 과학적이라고 주장한다. 여기서 말하는 '창
조론creationism'은 소위 '창조과학creation science'의 줄임말이다. 창조과
학은 자신의 견해를 강화하기 위해, 나아가 진화론과 같은 세속
적인 경쟁 이론들을 반박하기 위해, 모든 종류의 과학적 증거를
동원한다. '창조과학자들'은 그들의 관점을 지칭하기 위해 '신화'
라는 용어를 사용하는 데 반대할 것이 분명하다. 왜냐하면, '신
화'라는 용어는 '가짜 믿음'을 의미하는 것으로 변질되었기 때문
이다. 만일 '신화'를 확고한 신념을 의미하는 것이라고 중립적으
로 사용한다면, 창조론은 스스로 과학적이라고 주장하는 '신화'
의 하나로 평가될 수 있다. 창조과학자들은 진화론이 과학적으
로 지지될 수 없는 이론이라고 주장한다. 현대과학과 성서 사이
에 어떤 충돌이 일어난다면, 현대과학이 양보해야 한다. 그러나
그 반대는 결코 성립하지 않는다.

현대적 과학으로서 신화

신화와 과학을 화해시키려는 시도는 현대과학의 도전에 대한
방어 논리 중에서 가장 완곡한 형태로 제시된 것이다. 그런 시
도를 통해서, 현대과학과 충돌하는 신화적 요소들은 제거되거
나 현대적이고 과학적인 형태로 능수능란하게 재해석된다. 신

화는 과학, 즉 현대적 의미의 과학과 다르지 않기 때문에 과학적으로 신뢰할 수 있다. 물이 계속 차오르는 험난한 바다를 견딜 수 있게 만들어진 견고한 배 안에, 모든 생명체를 불러들이고 그들을 보호하는 것은 한 사람이 할 수 없는 일이었을 수도 있지만, 온 세계를 삼킨 대홍수는 실제로 발생한 사건이다. 이처럼 신화는 과학적인 사실을 알려주기 때문에 진실이 된다. 이러한 접근 방식은 신화를 과학과 분리시켜서 이해하는 소위 '탈신화화demythologizing'와 반대되는 것이다. 탈신화화에 대해서는 2장에서 논의할 것이다.

홍수뿐 아니라 화산과 지진에 관한 신화들은 실제로 발생한 사건에 대한 기록이라고 해석되어 왔다. 모트 그린Mott Greene은 『고대의 자연 지식』이라는 책에서 헤시오도스Hesiodos의 『신통기』에 등장하는 신들의 전쟁을 화산 분출과 연관시킨다. 또한 엘리자베스 바버Elizabeth Barber와 폴 바버Paul Barber는 『하늘과 땅이 분리되었을 때』라는 책에서 신들의 전쟁에 대한 아메리카 원주민들의 신화와 화산 분출을 연결시키면서 논의한다. 항성과 행성들에 관한 신화들은 천문학적 관찰 기록으로 받아들여지기도 했다. 조르지오 데 산티야나Giorgio de Santillana와 헤르타 폰 데첸트Hertha von Dechend는 『햄릿의 방아간』에서 많은 신화들이 세부적인 천문학적 계산을 전제하고 있음을 보여주고 있다. 토마스 워튼Thomas

Worthen은 『대체의 신화』에서 여러 인도-유럽 신화를 춘분점 세차 precession of the equinoxes에 대한 불안 반응이라고 해석하고 있다.

이러한 최신 연구들은 신화에 대한 19세기적인 태도로 회귀하는 것이라고 볼 수도 있다. 그 연구들은 신화의 주제가 자연적 세계이며 신화의 기능은 자연에 대한 사실적인 정보를 제공하고 그것을 재배치하는 것이라고 말하는 것처럼 보이기 때문이다. 그러나 그 연구들은 신화가 제공해주는 정보가 과학적으로도 정확하다는 사실을 보여주는 것을 목적으로 하는 반면, 19세기의 신화 연구는 신화가 비과학적이었음을 보여주는 것을 목표로 삼았다는 점에서 차이가 있다. 그럼에도 불구하고, 이들 저자들의 작업을 통해 신화를 '과학적으로 취급하려는' 19세기의 관심 방향이 오늘날에도 여전히 계속되고 있다는 것은 부정할 수 없다.

나일 강을 피로 변화시키는 첫 번째 재앙「탈출기」 7:14-24에 대한 해석에서 『옥스퍼드 주석 성경Oxford Annotated Bible』의 편집자들은 이런 이성적인 접근법을 다음과 같이 요약해준다. "피의 재앙은 이집트의 자연현상을 반영하는 것이 분명하다. 다시 말해, 여름에 나일이 최고 수위에 도달했을 때 흙에 포함된 붉은 색 입자들 혹은 붉은 색의 섬세한 유기물 때문에 강물이 붉은 색을 띠는 것이다." 그리고 개구리 떼의 출현에 대해 말하는 두 번째 재앙「탈출기」 8:1-15에 대해서도 편집자들은 유사한 해석을 내린다. "계절적

신화와 과학

인 범람 이후의 나일 강 진흙은 개구리가 번식하기 좋은 자연적인 환경을 만들어 준다. 이집트는 개구리를 잡아먹는 황새_{ibis} 덕분에 여러 차례 역병의 발생을 피할 수 있었던 것이다." 아론이 재앙을 일으키기 위해 손을 뻗쳤을 때 황새는 휴식을 취하고 있었고, 모세가 재앙이 그치기를 원하는 바로 그 순간에 황새가 되돌아왔을 것이라고 한다면, 그것은 얼마나 기막힌 우연의 일치인가! 이런 해석은 신화와 과학을 대립적으로 보지 않으려 하지만 결과적으로 신화를 과학이라고 보는 전략을 드러내고 만다. 다시 말해, 그것은 오늘날 유행하는 방식의 해석, 즉 과학이 신화인 것이 아니라 '신화가 곧 과학'이라는 해석을 낳게 되는 것이다.

원시과학으로서의 신화

지금까지 과학의 도전에 대한 가장 일반적인 반응은 과학을 위해 신화를 포기하는 것이었다. 신화는 여전히 세계에 대한 하나의 설명이다. 하지만 그것은 이야기라는 외형을 가진 과학적 설명이 아니라 그것 자체로 독특한 설명이다. 여기서 문제가 되는 것은 신화의 과학적 신뢰성이 아니라 신화와 과학의 양립 가능성이다. 신화는 '원시적인' 과학이거나, 오직 현대에만 존재하는 전前-과학적_{pre-scientific} 대응물이라고 여겨진다. 그리고 신화는 종교의 한 부분이다. 종교가 신에 대한 순수한 믿음을 제공한다면,

신화는 신들이 사건을 일으키는 세부적이고 구체적인 내용을 채워주는 역할을 한다. 신화는 종교의 일부이기 때문에, 자연 사건들에 대해 확고하고 진실한 설명을 제공하는 과학의 출현은 결과적으로 종교와 신화를 몰락의 길로 내몰았다. 과학을 당연하게 여기는 현대인은 바로 그런 이유에서 신화를 가질 수 없다. 따라서 '현대적 신화'라는 표현은 자기모순이 아닐 수 없다. 신화는 현대성을 향하는 세속화 과정의 희생자인 것이다.

종교와 과학의 관계는 여러 가지 양상을 띤다. 『기독교 세계에서 과학과 신학의 투쟁의 역사』처럼 명확한 의도하에 일방적인 관점을 노골적으로 드러내는 저작도 있지만, 이런 식의 일방적 태도 때문에 19세기에는 종교와 과학, 혹은 신화와 과학의 대적인 면이 일방적으로 부각되었다. 그러나 20세기에 들어와서는 대립보다는 조화와 화해를 강조하는 방향으로 전환이 일어나고 있다.

타일러

영국 인류학의 개척자인 타일러E. B. Tylor, 1832-1917는 신화와 과학은 대립할 수밖에 없다는 관점을 대표하는 인물이다. 타일러는 신화를 종교 안에 포함시키고, 다시 종교와 과학 모두를 철학 안에 포함시킨다. 그리고 그는 철학을 '원시적 철학'과 '현대적 철학'으로 나눈다. 원시적 철학은 원시적 종교와 동일하다. 그리고 원시적 과학이란 존재하지 않는다. 현대적 철학은 다시 종교와 과학이라는 두 하위 범주로 구분된다. 그중에서 과학은 종교보다 훨씬 더 중요할 뿐 아니라, 원시적 종교에 대한 현대의 대응물이다. 다른 하나의 범주인 종교, 즉 현대적 종교는 형이상학과 윤리학으로 이루어져 있다. 그러나 원시적 종교에는 형이상학과 윤리학이 존재하지 않는다. 형이상학은 비물질적 실체를 다루며, '원시적 종교'는 그런 실체에 대한 어떤 개념을 가지고 있지 않다. 원시적 문화 속에 윤리학이 존재하지 않는 것은 아니지만, 그 경우에도 그것은 원시적 종교의 바깥에 존재할 뿐이다. 다시 말해, "수준이 높은 문화 안에서는 윤리학과 애니미즘정령숭배이 대단히 강력하게 결합되어 있지만, 수준이 낮은 문화 안에서는 윤리학이 거의 존재하지도 않았던 것 같다." 타일러는 [현대적] 종교와 원시적 종교 모두에 대해서 '애니미즘정령숭배'이라는 용어를 사용한다. 왜냐하면 그는 정령anima는 라틴어로 '영혼'을 의미한다에 대한 신앙으로부터 신에 대한 신앙이 발전했다고 생각하기 때문이다. 원시적 종교에서는 영혼이 인간의 몸을 비롯한 모든 물리적 실체를 지배한다. 신들은, 그 자신 신이 아닌 인간을 제외하고는, 모든 물리적 실체 안에 있는 영혼인 것이다.

　원시적 종교는 과학의 원시적 대응물이다. 왜냐하면 원시적 종교나 과학은 둘 다 자연세계를 설명하는 것이기 때문이다. 타일러는 이렇게 원시적 종교를 '미개한 생물학savage biology'이라고 부르면서, "기계론적 사유를 전제한 천문학이 서서히 수준 낮은 민족의 정령숭배적 천문학을 대신했고", 마침내 "생물학적인 병리학이 서서히 정령숭배적 병리학을 대신했다"고 주장한다. 모든 사건은 신들의 결정 때문에 발생한 것이라고 설명하는 종교적 설명은 인격적이다. 반면 기계론적 법칙에 입각하여 사건을 설명하는 과학적 설명은 비인격적이다. 자연세계에 대한 설명으로서 과학은 종교를 전체적으로 대신했다. 그 결과 '정령숭배적 천문학'과 '정령숭배적 병리학'은 현대적 정령숭배가 아니라 단지 원시적인 정령숭배를 가리키는 것으로 한정된다. 현대적 종교는 자연세계에 대한 설명을 과학에게 넘겨주었다. 그리고 종교는 비물질적 세계, 즉 죽음 이후의 영역, 몸이 죽은 후에 남는 영혼의 영역으로 물러났다. 원시적 종교에서 영혼은 그 자체가 물질적인 것이라고 여겨졌지만, 현대적 종교에서 영혼은 비물질적이며 인간 존재에만 한정적으로 존재하는 것으로 여겨지게 되었다.

우리가 사는 지금 오늘날의 세계에서, 야수의 영혼에 대한 관념은 사라지고 있는 것으로 보인다. 애니미즘은 그 최전선에서 인간 영혼의 교리를 끌어내어 그것을 가장 중요하고 핵심적인 주제로 삼고 있는 것처럼 보인다. … 영혼은 에테르적 실체ethereal substance이기를 포기하고 '그늘의 그림자'와 같은 비물질적 실재immaterial entity가 되었다. 영혼에 관한 애니미즘의 이론은 이제 생물학이나 정신과학mental science의 연구와 분리되고 있다. 오늘날 과학은 생명과 사유, 감각과 지성, 감정과 의지 등등의 현상을 순수 경험의 기초 위에서 탐구한다. 현재에는, '영혼'과 아무런 상관이 없지만, 그 자체로 무엇보다 가장 중요한 존재가 될 지성의 산물인 '심리학psychology'이라는 학문이 출현했다. 현대적 사유에 있어서 '영혼'은 종교의 형이상학 안에 자리를 잡고 있으며, 그것의 특별한 임무는 미래의 종교적 교리에 대해 지성적인 측면을 제공하는 것이다.

비슷한 방식으로, 원시적 종교에서 신들은 물질적이라고 여겨지지만 현대적 종교에서 신들은 비물질적인 존재라고 여겨진다. 따라서 신들은 물질적인 세계 안에서 더 이상 유효한 행위자가 될 수 없다. 타일러는 물리적 결과에는 반드시 물리적 원인이 있어야 한다고 생각한다. 마찬가지로 종교 역시 물리적 세계에 대한 의미 있는 '설명'으로서의 자격을 상실한다. 그리고 신들은 물리적 세계로부터 사회적 세계로 자리를 바꾼다. 바로 플라톤의 철학에서 그랬던 것처럼, 신들은 생동하는 힘을 잃고 인간 행동의 모범이 되어 버린다. 이제 사람들은 윤리학을 배우기 위해 성서를 읽는다. 성서는 더 이상 자연에 대한 물리학적 설명을 제시하는 책이 아니다. 사람들은 창조 이야기를 배우기 위해 성서를 읽는 것이 아니라 십계명을 배우기 위해 성서를 읽는다. 마치 플라톤이 사람들에게 비윤리적인 신들이 삭제된 호머를 읽게 하는 것과 같은 상황이다. 예수는 기적을 행하는 사람이 아니라 그저 이상적 인간으로서 모범이 되어 버린다. 그런 윤리적 입장은 빅토리아 시대의 문화 비평가 매튜 아놀드Matthew Arnold에 의해 표명된 바 있다.

이러한 평화적인 입장은 최근에 서거한 진화생물학자 굴드Stephen Jay Gould의 입장과 비슷하다. 그의 입장에 따르면 과학, 특히 진화론은 종교는 결코 교차하지 않기 때문에 공존하고 양립할 수 있다. 과학은 물리적 세계를 설명하고 종교는 윤리를 규정하며 삶에 의미를 제공한다.

과학은 자연세계의 사실적 특성을 수집하려고 노력하고, 그런 사실과 조화되고 또 그런 사실을 설명할 수 있는 이론을 만들려고 힘쓴다. 그러나 종교는 자연세계와 마찬가지로 중요하면서도 완전히 다른 영역인 인간의 목적, 의미, 그리고 가치 세계 안에서 작동한다.

그러나 굴드에게 종교는 언제나 과학과는 다른 기능을 제공해 왔다. 반면 타일러에게 종교는 과학에 의해 강제적으로 풍부해진 영역에 대한 설명을 간직하도록 요청을 받아왔다. 그리고 종교는 이제 그 기능을 상실했다. 타일러는 [굴드보다는] 오히려 생물학자인 리처드 도킨스Richard Dawkins에 더 가깝다. 물론 도킨스는, 과학의 그늘에 가려진 종교에게 훨씬 더 적은 역할만을 부여하려 한다는 점에서, 타일러와 다르다.

타일러는 물리적 세계에 대해 설명을 해주는 이론으로서 종교가 소멸했다는 사실은 결국 신화 자체가 소멸했음을 의미한다고 생각했다. 그러나 그것은 [종교 전체가 아니라] '원시적 종교'의 소멸에 한정되는 사태일 뿐이다. 신들을 향한 신앙을 발전시킨 신화는 사라져도, 신앙 자체는 살아남을 것이다. 하지만 신화가 살아남을 것이라고 보증하기는 어렵다. 신화는 세계 속에서의 행위자인 신들과 너무 밀접하게 연결되어 있기 때문에, 형이상학으로 변형되는 종교와 달리, 신화 자체는 물리학으로부터 형이상학으로의 변형에 적응하기는 힘들 것이다. 하지만 종교는, 비록 과거에 가졌던 설명 제공이라는 핵심적 역할을 빼앗긴다고 해도, 여전히 '현대적 종교'로서 존재할 것이다. 하지만 현대적 신화라는 것은 존재하기 어려울 것이다.

타일러는, 신화와 과학을 대립적인 것으로 보면서, 나아가 종교적 설명을 과학적 설명과 대립시키면서, 신화에 대한 19세기의 관점을 요약한다. 20세기의 이론들은 신화와 과학, 나아가 종교와 과학을 조화시키려는 경향성을 가지고 있었기 때문에, 현대인들은 종교는 물론 신화를 계속 가지고 있을 수 있다고 말할 것이다. 그러나 타일러의 관점은 20세기에도 여전히 인기를 가지고 있었으며, 신화라는 말이 그리스와 로마의 신들을 연상시키는 단어라는 생각을 가진 사람들에게, 그의 입장은 당연한 진리로 받아들여졌다.

타일러는 과학이 신화를 단지 불필요한 것에 그치지 않고 아예 받아들일 수 없는 것으로 만든다고 생각했다. 왜냐하면, 신화의 설명과 과학의 설명은 서로 양립할 수 없는 것이기 때문이다. 신화적 설명은 인격적이고 과학적 설명은 비인격적이라는 그런 단순한 이유 때문은 아니다. 신화든 과학이든 **동일한** 사건에 대해 **직접적인** 설명을 제공한다. 신들은 비인격적인 힘 뒤에서, 또는 그 힘을 통해서 작동하는 것이 아니라 그것을 대신한다. 신화에 따르면, 물통에 물을 모은 비의 신은 어떤 지점 위에 물통의 물을 쏟을 것인지 결정한다고 한다. 그러나 과학에 따르면, 기상학적 과정이 비의 원인이다. 우리는 과학적인 설명의 꼭대기에 신화적 설명을 쌓아 올릴 수는 없다. 왜냐하면 비의 신은 기상학적인 과정을 활용하기보다는 그것에 대신해서 행동하기 때문이다.

엄격하게 말하면, 신화에서의 인과관계는 전적으로 인격적이라고는 말할 수 없다. 자신이 선택한 지점에 비를 쏟아 붓겠다고 하는 비의 신의 결정은 하늘에서 축적한 비의 양이나, 비를 보유하기 위한 물통의 용량, 그리고 쏟아지는 방향을 설명하는 물리적 법칙이 전제되어 있다. 그러나 신화와 과학 사이의 갈등과 대립 관계를 확고하게 유지하기 위해 타일러는 신화 자체가 물리학적 과정들을 무시하고 그 대신 신의 결정에 초점을 맞춘다고 단호하게 대답한다.

타일러는 원시인은 오직 신화만을 가지고 있고 현대인은 오직 과학만을 가지고 있다고 하는 자신의 생각을 당연한 것으로 받아들인다. 그렇다면, 그가 문화에 있어서 '신화 형성의 단계'가 존재한다고 언급하는 것은 단순한 우연은 아니다. 미르세아 엘리아데, 칼 융, 그리고 조셉 캠벨은 신화가 영원한 현상이라고 당당하게 선언했지만, 타일러는 신화가 단지 일시적으로만 존재할 뿐 언젠가는 사라지고 마는 현상이라고 생각했다. 그것이 아무리 천천히 사라진다고 해도 타일러에게는 크게 달라질 것이 없다. 신화는 지금까지 멋지게 자신의 역할을 수행했으나, 이제 신화의 시대는 끝이 났다. 오늘날에도 여전히 신화에 매달리고 있는 현대인들은 신화와 과학이 양립 불가능하다는 사실을 인식하지 못하거나, 아니면 인정하지 못하는 사람들이다. 타일러는 과학적 단계의 시작 시점을 확정하지 않지만, 그것은 불과 몇 세기 전에 있었던 현대의 시작과 동일시할 수 있을 것이다. 1917년에 세상을 떠난 타일러는 결코 현대 이후의 단계를 구체적으로 생각해 본 적이 없었다. 타일러의 입장에 동조하는 대표적인 학자로는 미국 인류학자 데이비드 비드니David Bidney를 꼽을 수 있다.

타일러가 신화를 과학과 대립적인 것으로 파악하는 이유는 그가 신화를 종교 아래에 포함시켰기 때문이다. 타일러는 현대적 종교 안에는 신화가 포함되지 않지만, 그럼에도 불구하고, 종교 바깥에 있는 신화는 없다고 생각한다. 원시적 종교는 [현대적] 과학의 대응물이기 때문에 신화 역시 과학의 대응물이어야 한다. [원시적] 종교는 문자 그대로 받아들여져야 하므로 신화 역시 그래야 한다. 타일러가 신화와 과학을 대립적인 것으로 파악하는 또 다른 이유는 그가 신화를 문자적으로 읽기 때문이다.

프리드리히 막스 뮐러1823-1900는 빅토리아 왕조 시대에 옥스퍼드 대학에서 활동했던 독일 출신의 산스크리트 학자이며 타일러의 동료였다. 그러나 그는 타일러와는 반대되는 입장을 가지고 있었다. 타일러가 현대적인 상징적 신화 해석이 오독이라고 비판했던 것에 대해, 막스 뮐러는 신화를 문자 그대로 받아들였던 고대인들의 신화 해석이 잘못된 것이라고 주장했다. 막스 뮐러는 자연현상의 상징적 묘사는 신들의 속성에 대한 문학적 묘사라고 이해했다. 예를 들면, 바다를 시적으로 표현한 '분노하는 raging'이라는 표현은 바다를 다스리는 존재를 인격적으로 묘사하는 것이며, 그런 존재의 특성을 표현하기 위해 신화가 발명되었다는 것이다. 막스 뮐러는 고대 언어 안에는 추상명사나 중성명사가 없거나 부족했기 때문에, 그런 부족함을 메우기 위해 신화가 만들어졌다고 주장한다. 이렇게 해서, 태양에게 부여된 여러 이름, 특히 '따뜻함을 제공하는 자'라는 식의 이름은 추상적이고 비인격적인 존재를 실재적인 인격적 존재로 바꾸어 놓게 되며, 나중의 세대는 이러한 남성신 혹은 여성신의 삶을 채우는 신화를 발명해 냈다는 것이다.

타일러의 관점, 즉 신화를 하나의 [과학적] 설명이라고 보는 관점에서 아도니스 신화를 해석해보자. 먼저 타일러는 아폴로도로스와 오비디우스의 두 버전의 아도니스 신화는 결국 미르myrrh 나무의 기원에 대한 설명을 제공한다고 해석했을 것이다. 오비디우스 버전은 아네모네 꽃 기원에 대한 설명까지도 제공해 준다. 나아가 오비디우스 버전은 그 아네모네 꽃의 단명함에 대한 정보도 제공한다. 만일 우리가 아네모네 꽃의 이야기를 일반적인 꽃과 식물에 관한 것으로 확대할 수 있다면, 신화는 그것들이 죽음으로써 그냥 끝나지 않고 다시 태어나는지를 설명해주는 것이 될 수 있다. 타일러는 아도니스가 실존했던 인간이 아니라 신적

신화란 무엇인가

존재였으며, 아도니스 신화는 꽃과 식물의 생명 순환주기를 말해주는 것이라고 해석한다. 따라서 그 신화는 식물의 일생을 하데스(지하세계)로 내려갔다가 되돌아오는 1년 주기의 순환 여행이라고 해석될 수 있다. 그러나 타일러의 해석에서는 아도니스의 마지막 죽음은 무시되어 버리고, 자신이 책임진 자연적 실재를 통제하는 아도니스의 힘이 강조된다. 그리고 그 신화가 제공하는 설명은 전적으로 지적인 것이다. 왜냐하면, 그 신화를 통해 사람들은 농작물이 한 번도 아니고 영원히 반복적으로 죽었다가 다시 살아나고 하는 식으로 이상하게 행동하는지에 대해서 알게 되기 때문이다.

그러나 빨리 죽고 빨리 재생하는 '아도니스의 정원'에서 행해지는 파종 의례가 식물 생장의 여정과 연결되어 있음에도 불구하고, 아도니스 신화 자체는 그렇지 않다. 만일 그 신화가 식물 생장의 여정과 연결되어 있다고 하더라도, 아도니스는 식물의 생장에 어떤 영향을 끼치지 못한다. 식물의 생장은, 타일러가 말하는 것처럼, 단지 아도니스의 행동의 기계적인 결과일 뿐이다.

더구나 타일러는 아도니스 신화의 많은 부분을 설명하지 못하고 남겨둘 것이다. 타일러의 이론은 근친상간, 사랑, 질투, 성 문제를 모두 포괄할 수 없다. 더 정확하게 말하자면, 그의 이론은 오직 아도니스라는 신화적 모티브만을 해명할 수 있다. 그러나

신화와 과학

그 신화에서 중요한 문제들은 아도니스를 둘러싼 인물들과 연관된 모티브들이다. 아도니스 자신은 주동적인 행위자라기보다는 수동적인 대상일 뿐이다. 그리고 아도니스의 삶에서 발생한 사건들이 제아무리 신비로운 것으로 보인다고 하더라도, 그는 신이 아니라 오직 한 사람의 인간일 뿐이다. 전체적으로 볼 때, 그 신화는 아도니스나 그 주변 인물들이 물리적 세계에 미치는 영향보다는 아도니스와 주변 인물들의 관계 자체에 더 관심을 가지고 있는 것처럼 보인다.

타일러의 이론은 분명히 창조와 관련되거나 반복되는 자연현상을 이야기하는 신화를 훨씬 더 잘 설명하는 것처럼 보인다. 타일러의 기준에 따라 손쉽게 신화로 인정받을 수 있는 「창세기」 1장 가운데 몇 구절을 인용해보자.

하느님께서 말씀하시기를 '하늘 아래에 있는 물은 한 곳으로 모여 땅이 드러나라.' 하시자 그렇게 되었다. 하느님께서는 땅을 땅이라 부르고, 물이 모인 곳을 바다라 부르셨다. 하느님께서 보시니 좋았다. 「창세기」 1:9-10

하느님께서 말씀하셨다. '우리와 비슷하게 우리 모습으로 사람을 만들자. 그래서 그가 바다의 물고기와 하늘의 새와 집짐승과 온갖

신화란 무엇인가

들짐승과 땅을 기어 다니는 온갖 것을 다스리게 하자.' 하느님께서는 이렇게 당신의 모습으로 사람을 창조하셨다. 하느님의 모습으로 사람을 창조하시되 남자와 여자로 그들을 창조하셨다. 하느님께서 그들에게 복을 내리며 말씀하셨다. '자식을 많이 낳고 번성하여 땅을 가득 채우고 지배하여라. 그리고 바다의 물고기와 하늘의 새와 땅을 기어 다니는 온갖 생물을 다스려라.' 하느님께서 말씀하시기를 '이제 내가 온 땅 위에서 씨를 맺는 모든 풀과 씨 있는 모든 과일나무를 너희에게 준다. 이것이 너희의 양식이 될 것이다. 땅의 모든 짐승과 하늘의 모든 새와 땅을 기어 다니는 모든 생물에게는 온갖 푸른 풀을 양식으로 준다.'고 말씀 하시자, 그대로 되었다. 하느님께서 보시니 손수 만드신 모든 것이 참 좋았다. 저녁이 되고 아침이 되니 엿샛날이 지났다. 「창세기」 1:26-31

타일러의 이론이 「창세기」 1장의 창조 과정을 잘 설명할 수 있다 하더라도 그 신화의 많은 부분은 여전히 타일러 이론의 이해 범위 너머에 머물러 있다. 그 신화는 창조를 설명하는 데 그치지 않고 창조를 평가하며, 심지어 그것이 참 좋은 일이라고 선언한다. 신화를 도덕적으로 이해하는 우의론자들에 대한 타일러의 비판을 통해서도 알 수 있는 것처럼, 타일러는 대단히 집요하게 신화와 과학을 평행적으로 놓고 그 둘을 비교하면서 신화 안에

도덕성을 위한 공간을 전혀 허락하지 않는다. 타일러는 「창세기」 1장이 단지 창조를 설명하는 것에 머물러야 할 뿐 창조를 평가하는 것이어서는 안 된다고 생각한다. 하지만 성서의 창조신화는 단지 인간 창조를 단지 설명하는 데 그치지 않고 인간이 다른 창조물보다 더 높은 지위를 가지고 있으며 물리적 세계를 감독하는 권리와 의무를 가지고 있다고 이야기해준다. 만약 인간의 모델로서의 하나님의 '이미지'가 단지 해부학적 형태 이상을 가리키는 것이라면, 타일러의 이론은 그 점에 대해서도 충분한 설명을 제시할 수 없을 것이다.

마지막으로, 타일러의 이론이 제대로 작동한다면, 그것은 무엇을 밝혀줄 수 있는가? 만일 우리가 타일러의 이론을 알지 못했다면, 신화에 대해 우리가 모르고 지나치게 되었을 것은 무엇인가? 우리는 타일러가 '신화'라는 개념으로 무엇을 나타내려고 했는지를 물어 볼 수가 없다. 신화의 문자적 이해를 굳게 신뢰했던 타일러는 신화가 그것이 말하는 바로 그것을 의미한다고 주장했다. 타일러의 공헌은 신화의 기원과 기능을 설명한 점에서 찾을 수 있을 것이다. 「창세기」 1장은 물리적 세계에 대한 거친 사변에서 나온 것이 아니라 어떤 설명이 요구되는 반복적인 자연 과정에 대한 진지한 관찰에서 나왔을 것이라고 말한다면, 타일러도 만족할 것이 틀림없다.

신화란 무엇인가

어쩌면 '창조론자'들은 타일러의 이론을 제대로 평가해 줄지도 모른다. 그 이유는 타일러가 「창세기」 1장을 세계의 기원에 대한 적절한 설명이라고 생각하기 때문이 아니라 그것이 '하나의' 설명, 그리고 더구나 독특한 종교적 설명이라고 생각하기 때문일 것이다. 타일러는 「창세기」 1장이 창조에 대한 설명일 뿐이라고 주장하면서 성서를 현대인의 입맛에 맞추어 해석하려고 시도하는 20세기 신학자들의 관점을 교정하는 역할을 할 수 있을 것이다. 그런 신학자의 한 사람인 루돌프 불트만Rudolf Bultmann의 「신약성서」 해석은 2장에서 살펴볼 것이다.

제임스 프레이저

타일러의 이론은 신화와 과학, 또는 종교와 과학의 관계에 대한 여러 이론 중의 하나일 뿐이다. 타일러의 입장에 가장 가까이 서 있는 사람은 케임브리지의 고전학자이자 인류학의 선구자인 프레이저J. G. Frazer, 1854-1941다. 타일러와 마찬가지로, 프레이저는 신화가 원시적 종교의 일부라고 생각한다. 또한 원시적 종교는 철학의 일부로서, 그것 자체로 보편적인 현상이다. 그리고 원시적 종교는 자연 과학의 대응물이면서, 그것 자체로 완전히 현대적인 것이다. 프레이저는 타일러의 생각을 이어받아 원시적 종교와 과학은 서로 배타적이라고 본다. 왜냐하면 원시적 종교는 거짓이고 과학은 진실이기 때문이다. 차이가 있다면, 타일러의 경우 신화를 포함해 원시적 종교 자체가 과학적 이론의 대응물로 기능하지만, 프레이저의 경우 신화는 응용과학, 즉 기술의 대응물로서 더 많은 기능을 가지고 있다는 점이다. 타일러는 원시적 종교가 자연세계 안에서 일어나는 사건들을 설명하는 것이라고 보았지만, 프레이저는 원시적 종교가 사건들, 특히 곡물의 성장에 직접 영향을 미치는 것이라고 보았다. 나아가 타일러가 신화를 그 자체 독자적인 텍스트로 취급했다면, 프레이저는 신화를 의례적인 작용과 연결시킨다.

프레이저는 아도니스 신화를 모든 신화 중에서 으뜸이 되는 중요한 범례적 신화라고 생각한다. 왜냐하면 그 신화는 프레이저가 가장 중요한 신이라고 생각하는 식물신god of vegetation의 일생을 다룬 것이기 때문이다. 나아가 프레이저는 아도니스 신화는 의례에서 실제로 공연되었을 가능성이 높고, 그 의례는 주술적인 힘을 가지는 것이라고 주장한다. 의례를 행하는 사람들은 아도니스의 귀환resurfacing을 의례에서 재연함으로써 식물신의 귀환을 가능하게 만들고, 나아가 농작물의 귀환을 가능하게 만든다고 믿었기 때문이다. 이 신화는 단순히 왜 농작물이 죽는지(농작물이 죽는 이유는 아도니스가 죽은 자의 장소로 내려가면서 죽었기 때문이다)를 설명하는 역할만을 하는 것이 아니라 작물이 실제로 다시 태어나게 만드는 역할을 했을 것이다. 프레이저는 신화가 주는 보상이란 다른 무엇으로 대신할 수 없는 실제적이고 실용적인 것, 즉 굶주림으로부터 벗어나는 것이라고 확신한다. 아도니스 신화에 대한 프레이저의 해석은 나중에 4장에서 자세히 다루어질 것이다.

신화를 과학의 원시적인 대응물로 보는 타일러나 프레이저의 관점이 지닌 최대의 난점은 과학의 출현에도 불구하고 신화가 사라지지 않고 존속하는 이유를 명확하게 설명하지 못한다는 사실이다. 만약 신화가 과학만큼 쓸모가 없는 것이라면 왜 그것은 아직도 우리 주변에 존재하는가? 물론 타일러와 프레이저는 곧바로 이렇게 대답할 수 있다. 아직도 남아있는 그것은, 그게 무엇이든, 신화가 아니고, 또한 그것이 과학과 같은 기능을 하지 못한다, 라고. 그러나 타일러나 프레이저는 신화 혹은 하나의 총체로서의 종교가 사라지지 않고 과학과 나란히 물리적 사건을 설명하는 데 여전히 힘을 가지고 있는지를 결코 설명하지 않는다. 예를 들어, 비행기 사고에서 소수의 승객만이 살아남았을 때, 사고 그 자체는 과학적으로 설명되지만 그 살아남은 자들이 생존할 수 있었던 이유는 좌석의 위치 때문이 아니라 하느님[God]의 개입 때문이라고 믿어진다. 타일러와 프레이저는 분명히 이렇게 대답할 것이다. 생존자들은 과학적인 설명과 종교적인 설명이 양립할 수 없다는 사실을 제대로 보려고 하지 않을 뿐이라고. 그러나 생존자들로서는 오직 종교적 설명에 의해서만 충족될 수 있는 보다 간절한 필요가 있기 때문에, 그런 필요 앞에서 일관성에 호소하는 것은 거의 의미가 없다는 사실을 인정해야 하는 것은 아닐까?

루시앙 레비브륄

프랑스의 철학자이자 이론 인류학자인 루시앙 레비브륄Lucien Lévy-Bruhl, 1857-1939은 타일러, 프레이저 등, 그 자신이 '영국 인류학파'라고 부정확하게 명명한 사람들의 관점에 반대하고, 그들 관점에 대한 대안으로 신화와 과학 사이에 더 넓고 분명한 구분선을 설정하려고 했다. 타일러와 프레이저는 원시인들이, 덜 정밀하기는 하지만, 현대인처럼 사고한다고 믿었다. 그러나 레비브륄은 원시인들이 현대인과 전혀 다르게 사고한다고 생각했다. 타일러와 프레이저는 원시적 사유는 비록 오류이긴 하지만 그 자체로는 논리적이라고 생각했다. 반면 레비브륄은 원시적 사유는 단순하게 비논리적이라고 믿는다. 그가 선호하는 용어를 사용한다면, 원시인은 '전前-논리적prelogical'이다.

레비브륄에 따르면, 원시인들은 모든 자연현상이 개별적이고 인간을 닮은human-like 영혼들, 즉 신들을 갖고 있다는 것을 믿지 않는다. 그 점에서 타일러는 틀렸다. 그들은 인간과 인간이 제작한 사물을 포함하는 모든 것이 자연을 가득 채우고 있는 비인격적인 신성함, 즉 '신비적인' 영역의 일부라고 믿는다. 게다가, 원시인은 이러한 신비적 실재mystic reality 안에 '참여participation'함으로써 현상들 상호 간에 주술적인 영향을 줄 수 있을 뿐 아니라, 현재의 존재성을 상실하지 않으면서 다른 존재가 되는 것도 가능하다고 믿는다. 어떤 대상이나 존재, 그리고 현상은, 우리 현대인들은 납득할 수 없는 방식으로, 본래의 실재와는 다른 어떤 것이 될 수 있다. 브라질의 보로로 족은 자신들이 붉은 아라라스araras, 즉 앵무새이면서 동시에 인간이라고 선언한다. 레비브륄은 이런 믿음이 비모순율[어떤 것은 그 자신이면서 동시에 다른 것이 될 수 없다고 하는 논리학의 기본 원리인 모순율에 반대되는 사유. 어떤 것이 그 자신이면서 동시에 다른 것이 될 수 있다는 생각]을 범하기 때문에 '전논리적prelogical'이라고 부른다.

타일러와 프레이저는 신화가 관찰, 추론, 종합과 같은 과학, 혹은 적어도 그들이 과학이라고 생각한 것과 동일한 과정을 포함한다고 생각한다. 하지만, 레비브륄은 신화적 사고mythic thinking가 과학적 사고scientific thinking와 대립한다고 생각한다. 타일러와 프레이저가 원시인들은 현대인들과 동일한 세계를 **수용하지만**perceive, 단순히 그것을 다르게 **인식한다**conceive고 이해했다면, 레비브륄은 원시인들이 현대인들과 전혀 다르게 세계를 보고 전혀 다르게 개념화한다고 이해한다. 다시 말해, 원시인들은 세계를 자신과 동일시한다는 것이다.

타일러나 프레이저와 마찬가지로 레비브륄 또한 신화가 종교의 일부이며, 종교는 원시적이고, 현대인은 종교보다는 과학을 가지고 있다고 생각한다. 그러나 타일러와 프레이저가 종교와 과학을 철학의 하위 범주로 보았다면, 레비브륄은 철학을 세계와의 신비적 합일에서부터 자유로운 사고라고 본다. 원시적 사유는 세계와 분리되어 있지 않기 때문에 비철학적이다. 원시인들은 그들만의 총체적 정신을 가지고 있으며, 그것을 자기들의 신화를 통해 드러낸다.

타일러나 프레이저가 신화의 용도를 지적인 거리두기라고 보았던 것과 달리, 레비브륄은 신화의 용도가 정서적 관여emotional involvement라고 생각했다. 원시인들은 세계를 설명하거나 통제하기 위해 종교, 특히 신화를 이용하는 것이 아니라 세계와 소통하기 위해 그것을 이용한다. 더 정확하게 말하자면, 점차 희미해지는 [세계와의] '신비적 교감'을 복원하기 위해 신화를 이용한다.

그렇다면 과연 신화는, 살아있는 현실감을 잃어버린 일체감 communion을 얻어내기 위해 고안된 매개물이나 중개자의 도움을 얻는다면, 더 이상 느껴지지 않는 참여$_{participation}$를 실현하는 원시적 사유 primitive mentality의 산물이 될 수 있을까?

만일 레비브륄이 아도니스 신화를 해석한다면, 그는 분명히 아도니스와 세계 사이의 신비적 관계에 초점을 맞출 것이다. 오비디우스의 아도니스는 세상의 위험에 관한 어떤 경고에도 주의를 기울이지 않는다. 왜냐하면 그는 자신이 세계 안에서 편안하다고 느끼기 때문이다. 그는 자신이 '세계와 하나가 되어$_{one\ with\ the\ world}$' 있기 때문에 편안하다고 여긴다. 그는 여신들을 자기의 어머니로 생각하기 때문에, 그리고 여신들로부터 얻으려는 것이 성적 결합이 아니라 자궁-같은 통합이기 때문에 그들에게 저항할 수 없다. 아도니스와 여신들 사이에는 레비브륄이 '**신비적 참여**$_{participation\ mystique}$'라고 부르는 하나됨$_{oneness}$의 원초적 관계가 존재한다.

브로니슬라브 말리노프스키

레비브륄에 대한 반응의 하나는 신화의 철학적 성격을 재강조하는 것이었으며, 그 문제에 대해서는 다음 장에서 고찰할 것이다. 그런 반응을 보인 주요 신화 이론가로는 폴 라딘과 에른스트 카시러가 있다. 또 다른 반응은 레비브륄이 말하는 전前-철학적인,

신화와 과학

혹은 전前-과학적인pre-scientific 것으로 신화를 보는 이론을 수용하지 않으면서, 철학으로부터 신화를 분리시키는 그의 생각만을 받아들이는 것이다. 폴란드에서 태어나 일찍이 영국으로 이주한 인류학자 브로니슬라브 말리노프스키Bronislaw Malinowski, 1884-1942는 그런 반응을 대표하는 이론가였다. 레비브륄은 원시인들이 자연을 설명하기보다는 자연과 일체가 되기를 추구한다고 주장한 반면, 말리노프스키는 원시인들이 자연을 설명하기보다는 지배하려 한다고 주장한다. 두 사람 모두 철학적인 접근법은 설명적이거나 주지주의적인 해석인 동시에, 영국적인 태도라고 생각한다. 말리노프스키는 그런 주지주의적 태도가 타일러와는 연결되지만 프레이저와는 연결되지 않는다고 생각했다.

말리노프스키는, 신화와 종교가 응용과학의 원시적 대응물이라고 보는 프레이저의 주장을 환기시키면서, 원시인들은 생존하기에 급급하여 신화에 대해 반성하는 사치를 누리지 못한다고 주장한다. 프레이저는 원시인들이 과학 **대신에** 신화를 이용한다고 생각했던 반면, 말리노프스키는 원시인들이 과학이 작동하지 않는 **사태에 대비하는 것으로서** 신화를 이용한다고 생각했다. 말리노프스키는 원시인들이 신화를 단순히 과학의 대응물이 아니라 신화를 과학 그 자체라고 생각했다고 주장한다.

아무리 수준 낮고 미개한 공동체라도 반드시 과학을 가지고 있음을 의심할 수 없다. 그 과학이 아무리 초보적이고 수준 낮은 형태의 것이라고 하더라도.

원시인들은 자연세계를 통제하기 위해 과학을 이용한다. 그리고 과학이 멈추는 곳에서 그들은 주술에 의존한다.

주술이 멈추는 곳에서 원시인들은 신화에 의존한다. 세계에 대한 더 나은 통제력을 확보하기 위해 신화를 이용한다고 말하는 프레이저의 가정과 달리, 그들은 그 반대로 행동한다. 그들은 자기들이 통제할 수 없는 세상의 여러 사건들, 예를 들어, 자연의 재앙, 질병, 노쇠, 죽음과 화해하기 위해 신화를 이용한다. 신화는 종교에 한정되지 않는다. 그리고 신화는 이런 비참함의 근거를 신이든 인간이든 누구도 역행할 수 없는 원초적인 행위 안에서 찾는다. "옛날에 인간 조상 두 사람이 이 세상 안으로 늙음을 들여왔고, 그것을 되돌리지 못했다. 그래서 인간은 나이를 먹게 되었다." 이런 신화는 전형적으로 그런 내용을 말하고 있다.

누구나 간절히 소망하는 늙고 시드는 것을 극복할 수 있는 영원한 젊음의 힘과 회춘의 능력은 연약한 어린아나 여자라도 막을 수 있었던 작은 사고 때문에 사라지고 말았다.

신화와 과학

홍수의 원인에 대해 신화는 신이나 인간을 끌어들여 설명하지만 원시 과학과 주술은 그 현상에 대해 영향을 주기 위해 다른 어떤 행동을 취한다. 신화는 그런 현상이 어쩔 수 없는 것이라고 말한다. 신화는 통제할 수 없는 물리적 현상들에 대해 체념을 가르친다. 신화는, 관습이나 규범과 같은 사회적 현상 등, 원시인들이 저항할 수 있는 것들을 수용하라고 설득하는 역할을 한다. 이에 대해서는 나중에 8장에서 다시 다룰 것이다.

말리노프스키는 아도니스 신화에 대해 어떤 해석을 내릴 것인가? 그는 아도니스 신화가 모든 사람이 죽는다는 사실을 말하는 것이라고 해석할 것이다. 그리고 그는 아도니스를 신이 아니라 인간이라고 볼 것이다. 나아가 그 신화는 자신이 죽을 운명을 가진 존재라는 사실을 인식하지 못하는 인간에 대해 이야기하면서 다른 사람들에게 교훈을 주는 것이라고 해석할 것이다. 말리노프스키의 이론은 신화가 죽을 운명을 미리 상정하지 않으면서 그것을 설명하는 것일 경우에만 들어맞는다. 말리노프스키는, 엘리아데와 마찬가지로, 신화가 기원에 대한 것이라고 본다. 말리노프스키는 오비디우스 버전의 아도니스 신화가 고대 그리스인과 로마인에게 중요한 사물의 하나인 아네모네 꽃에 대해 설명하는 것이라고 말할 것이다. 타일러와 마찬가지로 말리노프스키는 그 신화를 문자적으로 받아들일 것이다.

클로드 레비스트로스

프랑스의 구조주의 인류학자 레비스트로스Claude Levi-Strauss, 1908-2009는 원시인들과 신화에 대한 주지주의적 관점intellectualist view을 되살리려는 대담한 시도를 했다. 그는 원시인들이 지식이 아니라 실용성을 추구한다고 보는 말리노프스키의 관점은 물론, 원시인들이 지성적이 아니라 감성적이라고 보는 레비브륄의 입장에도 반대한다. 언뜻 보기에 레비스트로스는 완전히 타일러의 관점으로 되돌아간 것처럼 보인다. 레비스트로스는, 타일러와 마찬가지로, 신화가 전적으로 원시적인, 그럼에도 철저하게 지적인 대담한 모험적 기획이라고 이해한다. "자신들을 둘러싼 세상을 이해하고자 하는 필요 또는 욕구에 의해 움직이는 … 지적인 수단, 완전한 철학자이면서 나아가 어느 정도는 과학자이기도 했던 원시인들에 의해 시도된 대담한 기획"이라는 그의 주장은 타일러와 전혀 구분되지 않는 것처럼 보인다.

그러나 실제로 레비스트로스는 타일러에 대해 대단히 비판적이다. 타일러는 원시인들이 현대인들보다 덜 비판적으로 사유하기 때문에 과학보다는 신화를 만들어냈다고 믿었다. 레비스트로스는 원시인들이 현대인들과 다르게 사유하기 때문에 신화를 만들어 내지만, 여전히 사유할 뿐 아니라 철저하게 사유한다고 믿는다. 이런 레비스트로스의 입장은 레비브륄과 대조적이다. 타일러와 레비스트로스, 두 사람은 신화가 원시적 사유의 축소판이라고 본다.

타일러는 원시적 사유는 인격적이고 현대적 사유는 비인격적이라고 생각한다. 그러나 레비스트로스는 원시적 사유는 구체적concrete이고 현대적 사유는 추상적abstract이라고 생각한다. 현대적 사유와 마찬가지로, 원시적 사유도 현상들을 양적으로 다루지 않고 질적으로 다룬다. 현대적 사유와 마찬가지로, 원시적 사유 역시 현상의 관찰 불가능하고 지각 불가능한 측면에 집중하지 않고 지각 가능하고 관찰 가능한 측면에 관심을 기울인다.

> 그들[즉 원시인들]에게 … 세상은 광물, 식물, 동물, 소리, 색깔,
> 질감, 맛, 냄새로 이루어져 있으며 … 야생적 사고savage thought와 과학
> 적 사고scientific thought는 명백하게 구별된다. 그러나 그 차이는 논리
> 에 대한 욕구가 더 많거나 더 적다는 양의 문제가 아니다. 과학의 탄
> 생 시점부터, 현대적 사유가 과학에서 제거해버린 이러한 지각의 질
> 적 특징들qualities of perception을 다루는 것이 신화다.

그러나 타일러와는 정반대로 레비스트로스는 신화가 현대 과학 못지않게 과학적이라고 본다. 하지만 신화는 추상적인 것에 대한 과학의 일부가 아니라 '구체적인 것에 대한 과학'의 일부일

따름이다. 타일러에게 신화는 본질적으로 과학에 대한 원시적 대응물이다. [즉 신화는 과학과 다르다.] 그러나 레비스트로스에게 신화는 **현대적** 과학에 대한 원시적 대응물이다. 신화는 **원시적 과학**이지 열등한 과학은 아니다.

신화가 구체적이고 실제적인 현상을 다루기 때문에 원시적인 사유의 한 사례라고 한다면, 그것은 동시에 현상을 분류하기 때문에 사유 자체의 한 사례가 된다. 레비스트로스는 모든 인간은 분류라는 방식으로, 특히 '대립적 쌍'[이항 대립]의 형태로 사유하며, 그런 사유를 세계에 투사한다고 주장한다. 많은 문화 현상들이 이런 '이항 대립'을 표현한다. 나아가 신화는 그것이 표현하는 대립을 해소시킨다. 더 정확하게 말하자면 신화는 대립을 순화시키려고 한다. 타일러에게 신화는 관찰을 넘어서 설명으로 가기 때문에 그 자체로 과학과 유사한like science 것이 되지만, 레비스트로스에게 신화는 관찰된 모순들에 대한 기록을 넘어서 그 대립자들을 순화시키는 곳으로 나아가기 때문에 단적으로 과학적이다. 이러한 모순들은 플롯이나 이야기 안에서 발견되는 것이 아니라 레비스트로스가 '구조'라고 부른 것 안에서 발견된다. 신화에 대한 '구조주의적' 접근 방법에 대해서는 나중에 7장에서 다시 살펴볼 것이며, 그때 아도니스 신화에 대한 충분한 분석이 이루어질 것이다.

칼 포퍼

비엔나에서 태어나 만년에 영국에 정착한 과학철학자 칼 포퍼Karl Popper, 1902-94는 철저하게 타일러와 결별한다. 첫째, 신화를 포함해서 종교는 물리적 세계의 모든 사건들에 대한 반증불가능하게 보이는 포괄적인 설명을 제공하고 있지만, 타일러는 과학이 어떻게 출현했는지 결코 설명하지 않는다. 둘째, 타일러는 과학이 신화 위에서 성립되는 것이 아니라 단지 신화를 대체한다고 본다. 포퍼의 경우, 과학은 신화**로부터** 나온다. 그러나 과학은 신화의 **수용**acceptance이 아니라 신화에 대한 **비판**criticism으로부터 나온 것이다. "따라서, 과학은 신화와 함께, 그리고 신화에 대한 비판과 함께 시작해야 한다." 포퍼의 '비판'은 거부가 아니라 평가를 의미하며, 비판은 주장들이 만들어낸 진리를 반증하기falsify 위한 시도들에 종속되는 형태를 가질 때 과학적인 것이 된다.

더 나아가, 포퍼는 종교적인 신화뿐만 아니라 과학적인 신화도 존재한다고 주장한다. 그러나 포퍼 자신은 완전히 대립되는 주장을 했던 타일러를 결코 인용하지 않았다. 과학적인 신화와 종교적인 신화의 차이는 그것의 내용이 아니라 그것에 대한 태도에서 찾을 수 있다. 종교적 신화가 도그마적인 것으로 받아들여진다면, 과학적 신화는 반론을 제기할 수 있다.

신화란 무엇인가

나의 논지는 우리가 '과학'이라 부르는 것은 오래된 신화들과 구별된다는 것이다. 그것이 신화와 다른 어떤 것이기 때문에 구별되는 것이 아니라 이차적second-order 전통을 동반하는 것이기 때문에 신화와 구분된다. 과거에는 오직 일차적first-order 전통만이 존재했다. …우리는 과학이 어떤 의미에서 종교와 마찬가지로 신화-만들기라는 사실을 이해하게 될 것이다.

포퍼는 심지어 과학적 이론 역시 신화-같은myth-like 것이라고 주장한다. 왜냐하면, 이론theories은, 신화와 마찬가지로, 단지 반증될 수 있을 뿐 결코 증명될 수 없고, 따라서 본질적으로 불확실한 것으로 남기 때문이다. 그러나 과학적 신화는 실험적으로 확인할 수 있다. 그러나 과학적이지 않은 신화는 그렇지 않다.

포퍼가 아도니스 신화에 대해 뭐라고 말할 수 있을지는 분명하지 않다. 창조신화는 세계의 기원에 대한 대담한 추측과 그로부터 과학적 이론화 과정을 시작하기 때문에, 그를 당황하게 만드는 신화는 바로 창조신화다. 포퍼가 쓴 『구조의 신화The Myth of the Framework』라는 책이 있는데, 여기서 '신화'는 윌리엄 루빈스타인의 『구출의 신화』에서 말하는 것과 같은 의미를 가진다. 그 경우 신화는 끈질기게 따라다니는 잘못된 확신, 더 이상 증명되지 않고 포기되어야 하는 신념이라는 의미를 가지고 있다!

영국의 고전 철학자 콘포드F. M. Conford, 1874-1943도 포퍼와 마찬가지로 그리스 과학은 신화와 종교에서 성장했다고 주장했다. 그러나 그는 자신의 주장을 신화가 담고 있는 내용에 한정시킬 뿐 신화에 대한 태도와 연결시키지는 않았다. 콘포드는 과학이, 비록 세속적 형태이긴 하지만, 종교적이고 신비적인 교리들을 영속시킨다고 본다. 콘포드는 그리스 과학이 나중에 종교와 관계를 끊고 경험 과학이 된 사실에 만족한다. 그러나 말년에 콘포드는 그리스 과학이 결코 종교와 관계를 끊지 않았으며 경험 과학이 된 적이 없다고 주장했다.

타일러 자신은 과학의 실험 가능성과 신화의 실험 불가능성을 대립적으로 보지 않는다. 물론 그는 실험의 본질을 구체적으로 밝히지도 않는다.

우리는 반복해서 실험할 수 있는 물리과학physical science의 사실들에 의해 훈련이 되고 있으며, 그러한 실험에서 벗어나는 옛 기록들로 시선을 돌릴 때 과학이 이룩한 높은 수준의 증명으로부터 한없이 멀어지고 있다고 느끼고, 심지어는 신뢰하기 어려운 설명이 거기에 포함되어 있다는 사실을 널리 인정하지 않을 수 없게 된다.

그래도 타일러는 원시인들에게 비판적 능력이 있음을 어느 정도는 인정해야 할 것이다. 왜냐하면 그렇지 않고서야 어떻게 최종적으로 신화가 과학에 의해 대체되었다는 사실을 설명할 수 있는가? 최후의 원시인 세대가 아니면 누가 과학을 만들어내고, 과학으로 신화를 대체하고, 현대성을 주조할 수 있었겠는가?

2

신화와 철학

신화와 과학의 관계는 신화와 철학의 관계와 겹치기 때문에, 1장에서 살펴본 여러 신화 이론을 이 장에서 고찰할 수도 있었을 것이다. 그러나 신화와 철학의 관계에 대한 논의는 신화와 과학의 관계보다 그 폭이 훨씬 더 넓다. 예를 들어, 신화는 철학의 일부라거나, 신화는 철학이라거나, 철학은 신화라거나, 신화는 철학에서 나왔다거나, 철학은 신화에서 나온다거나, 신화와 철학은 서로 독립되어 있지만 동일한 기능을 한다거나, 신화와 철학은 독립되어 있고 그 기능도 다르다는 등의 논의가 그것이다.

폴 라딘

타일러와 프레이저가 신화와 과학을 철학의 하위 범주라고 생각했던 반면, 레비브륄은 신화를 과학과 철학의 대립 범주라고 보았다는 사실을 기억하자. 레비브륄에게 신화가 보여주는 세계와의 원시적 동일시는 과학과 철학이 요구하는 세계와의 거리두기와 반대된다.

다음으로, 레비브륄에 대해 가장 격렬한 반응을 보인 학자는 폴란드 태생으로 어린 시절 미국으로 이주한 인류학자 폴 라딘 Paul Radin, 1883-1959이었다. 책 제목 자체가 책의 내용을 그대로 말해주는 『철학자인 원시인Primitive Man as Philosopher』이라는 책에서 라딘은 타일러를 언급하지는 않는다. 하지만, 그는 타일러의 관점을 일단 인정하고 확장하면서 그 관점을 부활시키고 있다. 라딘은 원시인들은 대부분 전혀 철학적이지 않을 뿐 아니라 어떤 문화에서든 대부분의 사람들은 그렇다고 주장한다. 그는 사람을 두 부류로 나눈다. 다시 말해, 일반적인 사람들, 즉 '행동하는 사람'과 예외적인 사람들, 즉 '생각하는 사람'의 구분이 그것이다.

'행동하는 사람'은 세상이 존재하고 사건이 발생하는 것에 만족한다. 그에게 설명이란 부차적인 결과물이다. 그는 자기에게 처음 주어지는 것들을 기꺼이 수용한다. 근본적으로 이것은 철저한 무관심이다. 그러나 그는 어떤 설명의 형태와 반대되는 설명에 대해 편애를 보인다. 그는 일련의 사건들을 순수하게 기계적인 관계로 보는 설명을 선호한다. 똑같은 사건의 끝없는 반복, 또는 똑같이 일반적인 수준의 사건들의 반복을 요청하는 것이 그의 정신적 리듬(이런 용어를 사용해도 된다면)의 특징이다. … 그러나 '생각하는 사람'의 정신적 리듬은 상당히 다르다. 사건들 사이의 기계적인 관계를 가정하는 것으로 충분하지 않다. 그는 점진적인 진보, 하나에서 여럿으로 또는 단순함에서 복잡함으로 나아가는 점진적 진보와 진화에 관한 설명, 인과관계를 전제로 삼는 설명을 고집한다.

이런 두 유형의 기질적인 차이는 모든 문화에서 거의 같은 비율로 발견된다. 따라서 모든 원시인이 생각하는 사람이라는 것을 부정한 레비브륄이 틀렸다면, 모든 원시인이 생각하는 사람이라고 가정한 타일러도 똑같이 틀렸다. 그러나 뛰어난 철학적 역량을 가진 라딘은 그들 원시인이 타일러가 '야만적savage 철학자'라고 부른 신화 창조자들보다 훨씬 더 지적이라고 인정한다. 라딘은 신화 안에서 가장 온전히 드러나는 원시적 사유는 자연 세계에서 벌어지는 사건들을 설명하는 것 이상의 역할을 한다고 생각한다. 하지만 안타깝게도 아도니스 신화 정도가 그런 그의 생각에 들어맞는 것이라고 말할 수 있을 것이다. 라딘이 보기에 신화는 모든 종류의 형이상학적 주제들, 말하자면 실재의 궁극적 요소를 다룬다. 타일러의 견해와는 반대로, 원시인들은 엄밀한 비판 능력을 갖고 있다. 칼 포퍼와 라딘에게 있어서 비판의 능력은 바로 사유의 표지인 것이다.

에른스트 카시러

레비브륄에게 거부적인 반응을 가장 적게 보인 신화 이론가로는 독일 출신의 철학자 에른스트 카시러Ernst Cassirer 1874-1945를 꼽을 수 있다. 카시러는 전적으로 레비브륄을 수용하면서 신화적 또는 '신화 형성적mythopoeic' 사고는 원시적이고 정서적이며, 동시에 종교의 일부이며, 세계와의 신비적 일치mythical oneness를 투사한 것으로 본다. 그럼에도 카시러는, 신화적 사고에는 자체의 고유한 논리가 있다고 역설함으로써, 레비브륄과의 결별을 선언한다. 그러나 실제로는 레비브륄 역시 카시러와 비슷한 생각을 가지고 있다고 보는 것이 옳다. 왜냐하면, 신화적 사고에 '비논리적illogical' 또는 '반논리적nonlogical'이라는 꼬리표를 붙이는 것을 피하기 위해 '전논리적prelogical'이라는 용어를 만들어낸 사람은 레비브륄이기 때문이다. 하지만 카시러는 신화가 언어, 예술, 그리고 과학과는 다른 형태의 지식이며, 그 자체로 자율성을 가진 것이라고 주장함으로써, 레비브륄과의 차이를 보여주려고 한다.

그리고 지금까지 신화를 지식(과학)이나 예술, 혹은 언어 등의 여타 문화생활의 형태로 환원시켜서 설명하려는 시도는 얼마든지 있었다.

그러나 실제로 카시러는, 신화가 과학과 양립할 수 없고 과학이 신화를 계승한다는 입장을 견지한다는 점에서, 레비브륄과 큰 차이를 보이지 않는다. "과학은 모든 신화적이고 형이상학적인 요소를 거부함으로써 그 자신의 본질적 형태에 도달한다." 카시러와 레비브륄, 두 사람에게 신화는 완전히 원시적이고 과학은 완전히 현대적이다. 그러나 카시러는, 레비브륄과 달리, 신화를 **지식의** 한 형태, 즉 인간의 상징-만들기와 세계-창조 행위 중의 하나라고 규정한다. 그렇게 되면 신화와 과학은 같은 종류의 지식이라고 이해할 수 있게 된다.

루돌프 불트만과 한스 요나스

신화에 대한 카시러의 이해, 특히 초기의 이해 방식은 매우 철학적이다. 하지만 카시러는 결코 신화가 철학이라고 주장한 적은 없다. 독일 신학자 루돌프 불트만1884-1976과 독일에서 태어나 미국에 정착한 철학자 한스 요나스Hans Jonas, 1903-1993 역시 철학적으로 신화를 논의한 이론가들이다. 그들은 실존주의 철학자 마르틴 하이데거의 영향 아래 신화의 의미를 설명했을 뿐 아니라, 논의를 '의미'의 문제에 국한시켰다. 그들은 대부분의 안락의자 인류학자들처럼 사회과학자가 아니기 때문에 신화의 기원이나 기능에 대해서는 거의 관심을 갖지 않았던 것이다. 일부 이론 인류학자들처럼 그들 역시 신화를 기독교나 영지주의 종교의 일부로 보지 않고 하나의 자율적인 텍스트로 취급한다. 그러나 그들은, 타일러와 달리, 신화가 어떻게 발생하고 작용하는지에 대해서는 거의 생각해보지 않았다.

그들은 자신들이 연구하는 신화, 즉 불트만의 경우 신약성서의 신화, 요나스의 경우 영지주의의 신화를 철학으로 다루지만, 신화는 단순히 철학적이 아니라 여전히 종교적이라고 생각했다. 따라서 그들의 이론은 신화와 종교를 다룬 3장에서 살펴보는 것이 적절할 것이다.

알베르 카뮈

프랑스의 실존주의 작가 알베르 카뮈Albert Camus, 1913-1960의 '시지포스 신화'의 해석은 신화를 철학으로 환원시킨 좀 더 대중적인 사례가 될 것이다. 영웅 오디세우스는, 제우스를 공격한 거인들을 가두는 하데스의 한 영역 타로타로스에서, 거대한 바위를 산꼭대기로 영원히 반복해서 밀고 올라가야 하는 형벌을 받고 있던 시지포스를 만났다. 시지포스가 정상에 다다르면 바위는 다시 아래로 굴러 떨어지기 때문에 그는 반복해서 바위를 밀고 올라가야한다. 오디세우스가 그 광경을 다음과 같이 묘사한다.

나 역시 시지포스를 보았다. 그는 엄청난 고통을 받고 있었으며, 손과 발로 어렵게 지탱하면서 두 팔로 거대한 바위를 껴안고 그것을 산 정상으로 계속 밀어 올리고 있었다. 그러나 바위는 산 정상 부근에 도달하면 방향을 바꾸었고, 무자비하게 다시 바닥으로 굴러 떨어졌다. 그러면 그는 온 힘을 다해 다시 바위를 밀어 올리려고 애썼다. 그의 몸은 땀으로 뒤범벅되었고 그의 머리 위로는 먼지 구름이 일어났다.

호머는 시지포스의 죄목이 무엇이었는지 알려주지 않지만, 다른 고대의 작가들은 그렇지 않다. 게다가 다른 모든 고대인들에게 시지포스는 동정의 대상이었다. 그러나 카뮈에게 시지포스는 존경의 대상이었다. 카뮈의 시지포스는, 감히 신에게 도전하는 몇 안 되는 인간을 기다리는 운명을 체현한다기보다는, 유죄 판결을 받고 세상 안에서 '신 없이without God' 살아가야 하는 모든 인간의 운명을 상징하는 것이었다. 시지포스는 인간 실존의 부조리함(불합리함)을 받아들이기 때문에 존경받을 만하다. 인간 실존은 불합리하지만 무의미함(방향상실)에 비하면 덜 불공정하다. 그는 자신의 모든 노력이 공허한 것임을 온전히 깨달으면서도 포기하고 자살하는 대신에 계속해서 고군분투한다. 그는 신이 없기 때문에 의미가 사라져버린 세상이 허락한 유일한 형태의 영웅이다. 카뮈는 시지포스 신화를 이용하여 현대적인 인간의 조건을 극적으로 표현한다.

시지포스 신화는 불트만과 요나스가 분석했던 신화들 이상으로 종교적이었다. 그러나 불트만과 요나스처럼 카뮈 역시 신화를 현실의 제도 종교로부터 떼어내어 자율적인 텍스트로 취급한다. 이들 세 사람 모두에게 신화는 철학적인 이야기이며, 결국 신화는 철학이었다.

3

신화와 종교

신화에 대한 종교학적 접근은 자연스럽게 신화를 종교에 포함
시킨다. 하지만 그로 인해 신화는 종교에 대한 과학의 도전에 직
면하게 된다. 20세기의 종교학 이론들은 종교와 과학을 화해시
킴으로써 신화와 과학을 화해시키려 노력해왔다.

신화와 과학을 화해시키는 데에는 지금까지 크게 두 가지 방
식의 전략이 있었다. 첫 번째 전략은 종교의 주제 문제를 재규정
한다. 그것은 결과적으로 신화의 주제를 재규정하는 것과 다르
지 않다. 종교는 자연세계에 관한 것이 아니라는 주장이 이런 방
식에 해당하며, 이 경우 종교는 과학으로부터 잠식될 위험에서
벗어난다. 종교에 대한 이러한 접근 방식에 의해 고찰되는 신화
는 성경 신화나 그리스 신화 같은 전통적 신화들이지만, 오늘날

신화와 종교

그런 신화들은 문자적으로 읽히지 않고 상징적으로 읽히고 있다. 신화가 지금까지 잘못 읽혔기 때문에 과학과 어울릴 수 없는 것으로 받아들여졌다는 주장이 있다. 타일러가 도덕적 우화론자들과 유헤메리스트들이 문자주의적이 아닌 방식으로 신화를 읽는 것을 신랄하게 비판했을 때, 그것은 신화에 대한 이런 방식의 오독을 지적한 것이다. 그런 주장은 타일러가 제시한 것이다!

두 번째 전략은 외견상 세속적인 현상을 종교적인 것으로 승격시킨다. 이런 전략에 따르면, 신화는 더 이상 고대의 종교적 이야기에만 한정되지 않는다. 현재에는 세속적인 현대적 신화들이 공공연히 존재한다. 예를 들면, 액면 그대로 단순히 인간에 불과한 영웅이 보통 사람들이 생각하는 것보다 훨씬 더 높은 가상의 신이 되어버리는 것이다. 그러한 '신'의 행동은 초자연적이지 않기 때문에 과학과 모순되지 않는다. 이런 접근 방식은 신화를 계속 문자적으로 읽게 만들 뿐 아니라, 신화 속 행위자들의 지위를 다시 분류하게 만든다.

그리고 앞의 것과 다른 세 번째 전략도 있다. 종교적인 신화를 세속적인 신화로 대체하는 것이 그것이다. 이러한 전략은 신화를 종교와 떼어 놓음으로써 신화를 종교의 운명으로부터 구해내려고 한다. 따라서 이것은 세속적인 신화를 종교적인 것으로 전환시키려는 두 번째 전략의 대척점에 있다. 카뮈의 시지포스 신화 해석은 이런 전략의 대표적인 예다. 거기서 카뮈는 그 신화를 저항하는 인간에 대한 신의 벌이 아니라 신 없는 세상에서 살아야 하는 인간의 삶에 관한 것이라고 해석한다. 그러나 이 전략은, 신화와 종교의 연결고리를 끊어버린다는 점에서, 명백히 이번 장의 논의 주제에서 벗어나게 된다.

루돌프 불트만

전통적인 종교 및 신화의 상징적 해석 전략을 대표하는 이론가는 루돌프 불트만과 한스 요나스였으며, 이들에 대해서는 2장에서 간략히 논의한 바 있다. 이 두 사람은 자신들의 전문 영역을 그리스도교와 영지주의에 한정하고, 그 영역을 이해하기 위한 이론을 신화 이해에 응용한다.

문자적으로 이해할 때, 불트만의 신화는 타일러의 신화와 정확히 같다. 신화는 세계에 대한 원시적인 설명이고, 과학과 양립할 수 없는 설명이다. 따라서 과학을 자명한 것으로 받아들이는 현대인은 그런 설명을 받아들일 수 없을 것이라고 본다. 불트만은, 타일러와 마찬가지로, 문자적으로 읽을 때 신화는 타협의 여지없이 거부되어야 하는 것이라고 평가한다. 그러나 불트만은, 타일러와는 달리, 상징적으로 읽을 때 신화는 비로소 의미를 갖는다고 주장한다. 많은 오해를 불러일으키고 있기는 하지만, 불트만은 그런 상징적 독해는 '탈신화화demythologize'라고 부른다. 그것은 신화를 제거하는 작업이 아니다. 그것은 신화를 해체하는 '비신화화demythicizing'가 아니라 신화의 참된 상징적 의미를 확보하는 작업이다. 방주를 모든 종류의 생명체를 한꺼번에 태운 것으로 보는 초자연적 관점을 포기하고, 그 신화 안에서 실제로 발생했던 대홍수의 증거를 찾으려 한다면, 그것은 노아의 홍수신화를 '비신화화demythicize'하는 작업이 될 것이다. 그러나 노아의 홍수신화를 인간 삶의 불안정성에 대한 상징적인 이야기라고 해석하는 것은 신화를 '탈신화화demythologize'하는 작업이 된다.

탈신화화, 즉 상징적 독해를 통해, 신화는 세계에 대한 이야기가 아니라 세계에 관한 인간의 **경험**에 대한 이야기로 전환한다. 탈신화화된 신화는 세계에 대한 설명이 되기를 멈춘다. 신화는 인간이 세계에 대해 경험한 것을 표현하는 이야기다. 신화는 세상 안에 살아간다는 것이 어떤 일인지에 대한 인간적 '느낌'의 표현이다. 신화는 단순히 세계에 대한 원시적인 설명이 아니다. 오히려 신화는 보편적인 인간 경험을 표현한다. 신화는 거짓이 아니라 진실이 된다. 신화는 인간의 [실존적] 상황을 묘사하기 때문이다. 불트만의 말을 빌리면,

신화의 진짜 목적은 있는 세계에 대한 객관적인 그림을 제공하는

것이 아니라 자기가 살고 있는 세계 안에서의 인간의 자기 이해를 표현하는 것이다. 신화는 우주론적으로가 아니라 인류학적으로, 더 나아가 실존주의적으로 해석되어야 한다.

신약성서는, 문자적으로 읽는다면, 선한 존재와 악한 존재가 자연세계에 대한 지배권을 놓고 벌이는 우주적인 전투를 그리고 있다. 이런 초자연적 존재들은 자연의 운행 및 인간의 삶에 개입한다. 선한 존재들은 인간을 선한 행동으로 인도하는 반면 악한 존재들은 인간을 악한 행동으로 내몰아 간다. 그렇게 문자적으로 읽는다면, 신약성서는 전前-과학적인pre-scientific 사유를 표현한다고 말할 수 있다.

그러나 탈신화화하면, 신약성서는 부분적으로는 자연세계에 대해 말하지만, 깊은 차원에서는, 유일한 존재인 초월적인 신이 다스리는 특별한 세계에 대해서 말하는 것이라고 읽을 수 있다. 그 초월적인 신은 인간의 형태를 가지고 있지도 않고, 즉 신인동형적이 아니고, 기적적으로 세계에 개입하지도 않는다.

탈신화화된 해석은 신의 존재를 부정하지 않는다. 그러나 사탄이나 악마는 실제적인 존재라기보다는 인간 안에 존재하는 악한 성향의 상징으로 읽힌다. 지옥이나 저주는 어떤 초월적인 장소와 관련이 있는 것이 아니라 신을 거부하는 인간의 마음의 현실을 가리키는 것이 된다. 그리고 구원은 신을 마음으로 받아들이는 순간 생겨나는 정신적 상태를 가리키는 말이 된다. 물리적인 실제로서의 지옥은 존재하지 않는다. 지옥은 신의 부재로 인한 인간적 절망을 상징한다. 천국은 하늘의 어떤 장소가 아니라 신의 현존으로 인한 정신적 기쁨을 상징한다. 천년 왕국은 우주적인 상승과 더불어 초래되는 외부적인 어떤 것이 아니라 신을 받아들일 때 얻게 되는 내면적인 정신 상태를 가리킨다.

탈신화화된 이해에 따르면, 신약성서는 세계를 경험하는 사람들의 상반된 두 가지 존재 방식을 보여주는 것이다. 아직 신을 받아들이지 못한 사람들이 느끼는 소외감과 신을 받아들인 사람들이 느끼는 정신적 평화. 신을 받아들이지 못하는 사람들에게 이 세상은 차갑고 무정하고 두려운 곳이 된다. 신을 받아들이고 신과 함께하는 사람들에게 이 세상은 따뜻하고 호의적이고 안전한 곳이 된다.

문자적인 이해에 따르면, 신화는 물리적 세계에 대한 설명이기 때문에 과학과 양립할 수 없다. 따라서 현대인들은 신화를 받아들이기 쉽지 않다.

과학과 기술 덕분에, 세계에 대한 인간의 지식과 지배력은 신약성서의 세계관을 유지하는 것이 불가능할 정도로 진보했고, 신약성서에서 말하는 것을 사실 그대로 믿는 사람은 아무도 없다.

그러나 탈신화화를 거치면, 신화는 과학과 양립하는 것이 될 수 있다. 왜냐하면, 탈신화화를 통해, 신화는 초월적이고 비물질적인 세계를 표현하는 것인 동시에 물리적인 세계에 대한 인간의 경험을 표현하는 것일 수 있기 때문이다.

신학자인 불트만은 신약성서를 실존주의적인 용어로 해석한다. 그렇게 함으로써, 그는 기독교인들에게 신약성서를 받아들이라고 단순히 강요하지 않고 성서를 받아들이는 방법을 제시한다. 그러나 실존적 해석의 정당성은, 그런 관점이 없었다면, 현대인은 성서의 의미를 이해할 수 없었을 것이라는 사실에서 찾아서는 안 된다. 오히려 신약성서의 참된 의미는 실존적으로 다가갈 때만 드러난다는 사실에서 실존적 해석의 정당성을 찾아야 할 것이다.

그러나 신화가 과학적 정신을 가진scientifically minded 현대인에게 이해될 수 있는 것이 되었다고 해서, 왜 그들이 신화를 받아들여야 하는지를 설득할 수 있는 것은 아니다. 불트만은 신화의 현대적인 **주제 문제**를 논의하지만, 그것의 현대적인 **기능 문제**에 대해서는 침묵한다. 불트만은 인간의 실존적 상황을 묘사하는 것이 신화의 기능이라고 볼 것이 틀림없다. 그러나 왜 신화는 굳이

신화와 종교

그런 상황을 묘사해야 하고, 또 왜 굳이 신화를 이용하는지를 말하지 않는다. 불트만은 신화가 인간의 실존적 상황을 표현한다는 사실을 강하게 주장하지 않는다. 왜냐하면 불트만은 신화뿐 아니라 철학 역시 그런 실존적 의미를 드러낼 수 있다고 생각하기 때문이다.

불트만은 과학적 정신을 가진 현대인이 신화를 수용할 수 있도록 도와주려 한다. 그렇다고 해서 그는 해석을 통해 신의 존재를 해소해 버릴 수 있다고 말하는 것은 아니다. 다시 말해, 불트만은 신을 해체하는 비신화화demythicize를 목표로 삼지 않는다. 신화를 전체적으로 받아들이기 위해서는 복잡한 개념을 사용할 수 있다. 그러나 그렇다고 하더라도, 신의 존재는 계속해서 믿어야 한다. 신화와 과학이 양립할 수 있다는 사실을 인정하는 것은 오늘날 신화를 지지하기 위해 필요한 일일 수 있다. 그러나 그것만으로는 충분하지 않다.

불트만이라면 아도니스 신화에 대해 무엇이라고 말했을까? 불트만은 분명히 아도니스가 발견한 자기만의 세계가 무엇인지 살펴볼 것이다. 아도니스는 부드러운 여신들의 품에 안긴 평화로운 상태를 결코 벗어나지 않고, 자궁같이 전적으로 안전하고 보호받는 세계 안에서 양육된다. 그 세계 안에 깊이 잠겨있던 아도니스는 '실제' 세계로부터 오는 위험, 즉 오비디우스 버전에서 비너스가 알려주려고 했던 위험에 대한 경고를 전혀 마음에 새기지 않는다. 탈신화화를 거치면, 아도니스 신화는 세상에서 경험하는 대립적 갈등을 묘사하는 것으로 이해할 수 있다. 그러나 그 대립은, 세속적인 것과 종교적인 것 사이의 대립이 아니라 미성숙과 성숙의 대립이다.

　마지막으로 나는 불트만의 이론이 실제로는 일관성이 없다는 사실을 지적하고 싶다. 그는, 한편으로, 신화가 인간의 실존적 상황을 상징적으로 표현하고 있다고 생각하지만, 다른 한편으로, 기독교가 고대의 종교, 특히 유대의 묵시문학과 영지주의gnosticism에서 성장한 것이라고 문자적으로 이해한다. 불트만은 기독교 신화를 해석하는 데에만 탈신화화를 적용한다. 나아가 불트만은 자신의 탈신화화가 동료이자 실존주의자인 한스 요나스의 영지주의 연구에 빚지고 있음을 인정한다.

한스 요나스

한스 요나스는 고대의 영지주의가 인간 상황에 대해 실존주의와 동일한 관점을 가질 것을 요구한다고 주장한다. (불트만의 경우에는 종교적 실존주의보다는 무신론적 실존주의로부터 영향을 받았다.) 영지주의와 실존주의는 인간이 세계로부터 철저하게 소외되어 있다는 사실을 강조한다.

신화와 종교

실존주의의 요체는 일종의 이원론, 즉 인간과 세계 사이의 단절이다. … [단지] 하나의 상황 … 즉 재난적 사건의 격동에서 살아남아서 만들어낸 그런 상황만이 존재한다. 그것이 바로 영지주의 운동이다.

그러나 기독교와 현대성 사이의 간격을 좁히려 했던 불트만과는 달리, 요나스는 영지주의와 현대성 사이의 분리를 있는 그대로 인정한다. 따라서 요나스는 영지주의의 현대적 전환을 추구하지 않는다. 고대의 영지주의는 주류 기독교와 달리 물질세계와 대립하는 비물질성immateriality을 더 높은 위치에 둔다. 따라서 그들은 신을 발견한 이후에는 물질적 세계로부터 소외된 상태로 세상 안에 머문다. 사실, 그들이 말하는 신은 물질적 세계와 거짓신을 부정할 때 비로소 발견할 수 있다. 영지주의자들은 물질적 세계를 초월함으로써 세계로부터의 소외를 극복한다고 주장한다. 그러나 영지주의자들에게 있어서 세상과의 단절은 일시적인 것이 되겠지만, 현대인들에게 소외는 극복할 수 없는 것이 되고 만다.

그럼에도 불구하고, 요나스는 영지주의 신화가 현대인들에게도 여전히 유효하다고 생각한다. 불트만은 신화의 유효성을 신앙인들에게 한정시키지만, 요나스는 신화가 신앙을 갖지 않는

회의론자들에게도 유효하다는 본다. 신화는 세계의 [물질적] 본질에 대해 말하는 것이 아니라 세계(세상)에 대한 인간적 경험의 본질에 대해 말하기 때문에 그렇다. 요나스는 신의 세계를 신이 없는 세계의 언어로 번역하려고 하지 않는다. 오히려, 그는 영지주의 세계의 종교적 본질을 중요하게 다루지 않는다.

요나스는 소외의 근원이나 소외의 해결이 아니라 소외라는 **사실**이 신화의 비신화화의 주제라고 본다. 따라서 신성, 유출, 창조의 신, 물질세계에 대한 영지주의적 묘사들은 무시된다. 무엇보다 물질세계로부터의 탈출에 대한 영지주의적 전망이 무시된다. 간단히 말해, 영지주의적 신화 체계 대부분이 단순한 신화로 축소되고, 타일러가 **모든** 신화에 대해서 그랬듯이, 신화는 폐기되거나 비신화화demythicized 된다. 반대로 불트만은 무엇보다 신을 끝까지 보전하려 한다.

불트만만큼이나 요나스도 신화가 현대인들에게 가지는 역할을 발견하려고 한다. 신화가 인간 상황을 표현한다고 하는데, 왜 신화는 그런 상황을 표현해야 하는가? 실존주의 철학이 이미 하고 있는 그 일을 왜 하필 신화가 해야 하는가? 여기에 대해 요나스는 답을 하지 않는다. 요나스나 불트만은 신화의 의미, 즉 주제 문제에만 관심을 한정시키기 때문이다.

신화에 대한 불트만과 요나스의 접근 방법이 타일러의 방법과 대립한다고 말하기는 어렵다. 타일러는 신화를 진지하게 문자적으로 이해하는 것을 당연하다고 생각한다. 타일러는 도덕적 우화론자들과 유헤메리스트들이 신화를 상징적으로 해석함으로써 신화를 시시한 것으로 만들어 버렸다고 보았다. 조셉 캠벨과 같은 다른 이론가들뿐 아니라 불트만과 요나스 역시, 신화는 진지하게 상징적으로 받아들여야 한다고 주장한다. 타일러는 '원시인들'이 신화를 문자 그대로 받아들였기 때문에 신화가 그들에게 신뢰를 받았다고 주장하는 반면, 불트만과 요나스는 초기 기독교인들과 고대 영지주의자들이 신화를 실존론적으로, 즉 상징적으로 수용했기 때문에 신화가 신뢰의 대상이 될 수 있었다고 주장한다. 타일러는 현대인들이 신화를 문자 그대로 받아들이기 때문에 그것을 신뢰할 수 없게 되었다고 주장하는 반면에, 불트만과 요나스는 현대인들이 신화를 상징적으로 받아들이는 한에서만 그것을 신뢰할 수 있다고 주장한다. 그러나 타일러는 현대인을 위해 신화를 상징적으로 읽는 이론가들에게 반대하는 것은 아니다. 타일러는 단지 원시인들이 신화를 상징적으로 읽었다고 주장하는 사람들에게 반대하려 할 것이다. 타일러는 불트만과 요나스가 현대인들에게 말하는 것을 반대하지는 않을 것이다. 단지 타일러는 그들이 초기 기독교인들과 고대 영지주의자들에 대해서 말하는 것 때문에 그들을 비판할 것이다.

흥미롭게도, 타일러와 불트만, 그리고 요나스는 모두 신화를 변호하려고 한다. 차이점이 있다면, 타일러는 과학 때문에 신화를 포기하지만, 불트만과 요나스는 과학 때문에 신화의 참된 의미를 해석하고자 한다는 것이다. 그들이 찾아낸 의미는 신화를 구제하기 위해 현대인들이 꾸며낸 것이 아니다. 신화는 항상 의미를 지니고 있었지만, 과학으로부터 위협과 압력이 가해지고 난 다음에야 제대로 인식되기 시작한 것이다. 현대인을 오래된 텍스트 안으로 되돌려 보내고, 그 안에 간직되어 있던 것을 실제로 발견하게 함으로써 비로소 과학은 필요성을 미덕으로 전환시킬 수 있게 된다.

미르세아 엘리아데

성인전에 가까운 유명인의 전기는 그들을 거의 신적인 존재로 변형시키고, 그들의 활동을 신화로 바꾼다. 예를 들면, 제1차 걸프 전쟁 직후에 나온 미 육군 대장 스토민 노먼 슈워츠코프Stormin ' 은 별명, 본명은 Norman Schwarzkopf Jr.의 전기 안에서 그는 세상에서 가장 멋지고 가장 용감한 군인으로 과대 포장되었다. 그는 그 누구보다도 멋지고 용감한, 거의 인간 이상의 존재가 되었다.

여기서 다루려고 하는 중요 이론가는 루마니아 태생의 종교사학자 미르세아 엘리아데Mircea Eliade, 1907-86이며, 그는 삶의 마지막

신화와 종교

30년을 미국에서 보냈다. 불트만이나 요나스와 달리, 엘리아데는 신화를 상징적으로 해석하여 신화와 과학을 화해시키려고 하지 않는다. 그는 타일러처럼 신화를 문자적으로 읽는다. 불트만이나 요나스와 달리, 엘리아데는 신화가 갖는 명백한 기능을 부정하려고 하지 않는다. 그에게 있어 신화는, 타일러의 경우처럼, 하나의 설명이다. 그러나 그것은 엄밀하게 말하면 어떤 현상의 [태곳적] 기원에 대한 설명이지, 단순히 어떤 반복적 현상에 대한 설명이 아니다. 불트만이나 요나스와 달리, 엘리아데는 전통적인 신화를 현재의 상황에 맞추어 해석하려고 시도하지 않았다. 엘리아데는 명백하게 종교적인 전통 신화들에만 관심을 가지기보다는 외견상 비종교적인 현대의 신화들에 대해서도 관심을 가졌다. 불트만이나 요나스가 신화들을 과학과 화해시키려고 노력했던 것과 달리, 엘리아데는 신화가 존재한다는 단순한 사실에 호소하고, 신화와 과학의 양립가능성을 주장한다. 만일 과학적이라고 말할 수 있는 현대인들 또한 신화를 가지고 있다면, 그런 사실로 인해, 신화는 분명히 과학과 양립할 수 있다는 것이다.

엘리아데에게 신화의 기준은 이야기의 주인공을 초인간적인 존재라고 볼 수 있을 만큼 뛰어난 재능을 가진 존재로 만들 수 있는지 여부다. 신화란 태고의 '성스러운' 시대에, 신 또는 신적 존재가 현상을 어떤 식으로 만들어냈는지를 기술하는 것이다. 그

신화란 무엇인가

때 현상이란 결혼이나 비바람 등등의 사회적 현상 **또는** 자연적
현상이다.

신화는 초인간적 존재의 행위를 통해 현실이 어떻게 존재하게 되
었는지를 이야기해 준다. 현실 전체, 우주, 또는 현실의 한 파편, 섬,
식물의 종, 특정 종류의 인간 행위, 제도 등등.

사람들은 오직 완전한 신들만이 자연현상을 창조하며, '문화
영웅culture heroes'은 사회 현상을 창조한다고 믿는다. 그 경우 신화
적 위업은 바로 창조creation다. 그러나 타일러에게 그 위업은 회귀
혹은 반복recurrence이다.

엘리아데는 신화가 설명 이상의 역할을 가지고 있다고 생각한
다. 설명은 최종 목적을 위한 수단이다. 신화의 최종 목적은 결국
재생regeneration이다. 신화를 듣고, 읽고, 특히 그것을 재연하는 것
은, 그 신화가 설명하는 현상이 무엇이 되었건, 그 현상의 기원,
즉 그것이 발생한 시간으로 마법처럼 되돌아가는 것이다.

그러나 우주기원 신화를 의례적으로 암송하는 것은 그 최초의 사
건을 다시 구체화한다는 의미다. 신화를 암송하는 사람은 마법처럼
'세상의 처음', 최초의 시간illo tempore으로 던져져, 우주의 기원과 동

일한 시간 속에 있게 되는 것이다.

신화는 한 방향으로 가는 것이지만 마치 마법의 양탄자처럼 작동한다. 신화는 인간을 최초의 시간으로 되돌려 놓으면서 인간을 신과 재결합reunites시킨다. 최초의 시간에 인간과 신은, 마치 구약성서의 '저녁 바람 속에 동산을 거니는 주님'창세기 3, 8의 경우처럼, 대단히 가까이 존재한다. 여기서 '재결합'은 에덴 이후 신으로부터 분리된 인간을 처음 상태로 되돌려 놓음으로써 영적으로 새롭게 만드는 것이다. 신화의 궁극적 이익은 신성을 만나는 경험을 가능하게 해주는 것이다. 그리고 신화가 종교에 뿌리를 두고 있다는 사실을 엘리아데만큼 강조하는 이론가는 없다.

과학은 분명히 어떠한 재생적 기능도 갖고 있지 않다. 과학은 단순히 설명한다. 그렇다면, 신화는 과학이 할 수 없는 일을 할 수 있다. 그러나 엘리아데는 신화가 존속하는 이유를 신화의 독자적인 기능에서만 찾는 것은 아니다. 신화는 현대인에게도 일정한 역할을 하기 때문에 존속한다. 현대인들은 자기들이 철저히 이성적이고, 지적이며, 감성적이지 않으며, 미래지향적이라고 생각한다. 그러나 엘리아데는 그런 현대인도 신화 없이는 살 수 없다고 주장한다.

현대인들이 즐기는 연극과 그들이 읽는 책 안에 위장된camouflaged 모습으로 들어있는 신화들을 대상으로 현대인의 신화에 관해 책을 한 권 쓰는 일은 어렵지 않다. '꿈의 공장'이라고 부를 수 있는 영화 는 무수한 신화적 모티프들을 다룬다. 영웅과 괴물 사이의 투쟁, 입 문의례를 위한 전투와 시련 체험, 전형적인 인물들과 이미지들하녀, 영웅, 천국의 풍경, 지옥 등이 들어있다. 심지어 독서조차도 신화적인 기능 을 포함한다. … 왜냐하면 독서를 통해서 현대인은 신화에 의해 초 래되는 '시간의 출현'에 필적하는 '시간으로부터의 탈출'을 얻어내기 때문이다.

연극, 책, 영화는 일상적인 세계와 더불어 다른 세계, 지나간 세계를 드러내기 때문에 신화와 유사하다. 그런 세계는 전통적 인 신화에서 발견되는 것과 유사한 비범한 인물과 사건들의 세 계다. 그런 세계 속의 인물들의 행동은 일상적인 세계의 현재 상 태를 설명해 준다. 현대인들은 연극, 책, 영화에 몰두하면서 신화 의 시대로 되돌아가 있는 자신들을 상상하기도 한다. 불트만과 요나스는 조심스럽게 현대인들이 신화를 가질 **수 있다**고 말했지 만, 엘리아데는 과감하게 현대인들이 이미 신화를 **가지고 있다** 고 주장한다. 무신론자임을 자처하는 사람들조차 이미 신화를 가지고 있다고 한다면, 불트만과 요나스가 주장한 것처럼, 신화란 현대인들조차 피해갈 수 없는 것이라고 말할 수 있을 것이다. 그런 점에서 신화는 범인류적pan-human이다. 타일러와 프레이저는 신화가 세속화 과정에서 희생되었다고 말했다. 그러나 엘리아데는 지금까지 완전한 세속화는 결코 일어나지 않았다고 주장한다. 세속화에도 불구하고, 신화는 '위장된 모습으로' 여전히 남아있다.

엘리아데는 전혀 영웅과 상관없어 보이는 아도니스 이야기를 어떻게 해석할 것인가? 영웅답지 않은 주인공 이카루스Icarus나 파에톤Phaeton처럼, 아도니스는 무엇이든지 할 수 있을 것이라고 믿는다. 앞의 두 주인공처럼, 아도니스 역시 세상의 어려움을 쉽게 잊어버리는 자아도취적인 어리석음 때문에 일찍 죽는다.

많은 사람들에게 영웅이라 불리며, 여성들로서는 거역하기 어려운 남성적 매력을 지녔다고 평가받던 인물, 존 에프 케네디 주니어J. F. Kennedy Jr. 1960-99는 현대판 아도니스라고 말할 수 있다. 그는 아도니스처럼 주변의 경고를 무시하고, 기본적인 장비조차 갖추지 않은 채 무모한 비행을 하다가 사고로 죽었다. 그의 추락은 이카루스나 파에톤의 추락과 너무나 비슷하다. 많은 미국인들은 완성된 영웅이 아니라 진짜 영웅이 되기를 갈망했으나 요절한 청년 존 에프 케네디 주니어를 애도했다.

조지 워싱턴1732-99은 엘리아데의 이론을 적용하기에 아주 적절한 인물이다. 그는 이론의 여지가 없는 영웅으로서, 모든 미국인들로부터 국부로 추앙받고 있다. 조지 워싱턴은 처음에 영국과의 독립전쟁에서 총사령관으로 근무했고, 1781년 마침내 승리를 거두었다. 그 뒤에 워싱턴은 공직에서 은퇴했지만, 곧바로 제헌의회를 통솔하기 위해 정계에 복귀했다. 그의 영향력은 헌법비준에 있어서 필수적인 것으로 여겨졌기 때문이다. 1789년 워싱턴은 [선거인단의] 만장일치로 미합중국의 초대 대통령에 당선되었다. 워싱턴은 2대 대통령 선거에서도 만장일치로 재선되었고, 마음만 먹었다면 삼선도 가능했을 것이다. 그러나 당시의 대부분의 혁명론자들은 워싱턴과 그의 지지자들에 의해 군주제가 수립되고 대혁명이 추구한 공화주의의 이념이 무화될 수도 있을 것이라고 우려했다. 워싱턴은 그런 우려가 존재한다는 사실을 알고 있었다. 따라서 그는 삼선 대통령이 되고자 하는 정치적 유혹을 물리쳤다. 그리고 그런 그의 결정으로 인해 더 많은 사람이 그를 존경하게 된다.

워싱턴에 대한 미국민들의 존경은 거의 신격화에 가까운 것이었다. 실제로 워싱턴에 대한 미국민의 태도는 숭배라고 볼 수 있는 면이 있다. 그가 대통령으로 재임할 당시 이미 동전에는 그의 모습이 새겨졌고, 그를 표현한 무수한 그림과 조각이 제작되었으며, 그를 찬양하는 노래와 시가 만들어지고, 그의 이름을 딴 주와 마을이 생겨났다. 그의 생일을 축하하는 파티가 전국적으로 벌어졌으며, 그가 가는 곳이면 어디든지 떠들썩한 환영의 축제가 열렸다. 엘리아데는 이야기의 주인공이 물리적 또는 사회적 세계 안에서 오늘날까지 계속되는 무엇인가를 성취한 것에 대해 경의를 표하는 일과 신화가 밀접하게 연결되어 있다고 말한다. 미국 건국의 아버지 조지 워싱턴의 경우, 대통령 재임하던 시절의 생일축하 파티를 기술한 어느 역사가의 증언은 워싱턴 '숭배'가 어느 정도였는지를 잘 보여준다.

워싱턴의 생일은 사실 신성한 날이었다. 그것은 공동체를 위한 통합의 시간이었으며, 국가의 존엄과 국가에 대한 국민의 사랑이 재확인될 수 있는 시간이었다.

워싱턴의 생일은 그가 서거한 다음에도 기억되었고, 오늘날에도 국경일로 남아 있다. 그 날은 그의 행적을 기념하는 데 그치지 않고 그를 살아있는 존재가 되게 하는 데 공헌했다. 이러한 기념식 의례에서는, 의식의 일부로 그의 전기의 중요한 부분, 즉 그에 대한 신화가 낭송된다. 많은 사람의 입에 회자되는 '조지 워싱턴 여기에 잠들다'라는 구절은 엘리아데가 말하는 신화의 궁극적인 기능, 즉 신성과 하나됨을 분명하게 보여준다.

물론, 회의론자는 이의를 제기할 수도 있다. 아무리 존경받는다 해도, 하나의 인간인 영웅이 신이 될 수 있는가? 기념이 예배와 동일한 것이라고 말할 수 있는가? 죽은 영웅의 삶을 기념하는 것이 그 영웅을 실제로 살려내는 일인가? 기념행사에 참가하는 사람들이 단지 상상 속에서만이 아니라 실제로 시간을 거슬러 여행한다고 믿는가? 사회과학계에서 영웅들의 영구적인 업적을 설명하는 한, 과연 신화가 설명할 몫이 남아있는가? 이 현대적이고 과학적인 세계에서 신화의 확실한 자리를 확보하려는 엘리아데의 노력은 그것이 주는 감동만큼의 설득력이 있는가?

신화와 의례

신화는 일반적으로 이야기 형태의 말words이라고 여겨진다. 사람들은 신화를 읽거나 듣는다. 신화는 무언가를 말한다. 그러나 신화에 대한 이러한 관점을 인위적artificial이라고 보는 관점이 있다. '신화와 의례' 이론, 즉 신화-의례주의 이론에 따르면, 신화는 그 자체로 존재하지 못하며 항상 의례와 결합되어 있다. 신화는 단순히 진술이 아니라 행위다. 이들 이론 중 가장 비절충적인 이론에 따르면, 모든 신화는 의례를 동반하거나 모든 의례가 신화를 동반한다. 좀 더 완곡한 입장에 따르면, 신화는 의례 없이 발달할 수도 있다. 혹은 신화 없이 발달하는 의례가 있을 수도 있다. 아니면, 신화와 의례가 기원적으로는 함께 출현하지만 나중에 각각 분리된 길을 갈 수도 있다. 혹은 신화와 의례가 분리되어 나타나지만 나중에 합쳐질 수 있다. 신화와 의례 사이의 연결이 어떠하든, 신화-의례주의 이론은 다른 신화 이론들과 다르며, 신화와 의례의 연결을 강조한다는 점에서 의례에 관한 다른 이론들과도 다르다.

윌리엄 로버트슨 스미스

성서학자이자 아랍 전문가로, 스코틀랜드 출신의 윌리엄 로버트슨 스미스William Robertson Smith, 1846-94는 신화-의례주의 이론의 개척자다. 『셈족의 종교에 관한 강의』에서, 스미스는 현대 종교의 중심은 신앙belief이며, 고대 종교의 중심은 의례라고 주장한다. 고대인들은 분명히 특별한 이유를 가지고 의례를 수행했지만, 그 이유는 부차적이고 심지어 유동적일 수 있다. 신화는 신앙, 즉 신조를 공식적으로 선언하는 것이라기보다는 오히려 하나의 이야기였으며, '신의 명령 혹은 신의 직접적 예시에 의해 확립되었던 최초의 상황'을 단순히 묘사하는 것이었다. 신화는 [의례에 비해] '부차적인' 것이었다. 의례가 의무적인 것이었다면 신화는 선택적인 것이었다. 의례가 고정적인 것이라면 신화는 유동적인 것이었다. 그리고 심지어, 신화는 본래 의례가 가졌던 이유가 어느 정도 망각된 이후에 생겨났다.

스미스는 신화를 의례와의 일대일 관계 속에서vis-à-vis 이해해

신화란 무엇인가

야 한다고 주장한 첫 번째 학자였지만, 그 둘의 관계에서 신화와 의례가 똑같이 중요하다는 것을 전제하지는 않았다. 스미스에 따르면, 의례가 없었다면 신화는 결코 있을 수 없었고, 그 어떤 경우든 신화가 없었다면 의례는 존재하기를 멈추었을 것이다.

아도니스는 원래 셈족의 신이었기 때문에, 스미스는 자신의 **책**(『강의』) 안에서 그에 대해 논의한다. 그리고 그는 고대 종교 안에는 죄 관념이 없었다는 그의 전체 주장을 확인하기 위해, 식물의 신 아도니스의 죽음을 예수의 죽음과 대비시킨다.

가나안의 아도니스 또는 탐무즈Tammuz는 그를 숭배하는 사람들로부터 모든 자연적 성장과 다산의 근원으로 여겨졌다. ⋯ 따라서 그의 죽음은 자연 생명의 일시적인 정지를 의미한다. ⋯ 그리고 숭배자들은 자연 생명의 죽음에 대해, 그것을 어떤 도덕적 죄의 개념과 연결시키지 않고, 자연적인 동정심에 근거하여 애도한다. 그것은 마치 현대인들이 가을에 떨어지는 낙엽을 보며 우수에 젖는 것과 비슷하다.

원래는 아도니스 신에 대한 의례적인 희생의례만 존재했다. 나중에 사람들은 그 희생의례에 대해 비-신화적인 설명을 덧붙였다. 나중에 그 설명은 잊혀지고, 이번에는 그 의례를 설명하기 위해 식물신의 죽음과 재생을 이야기하는 아도니스 신화가 만들어졌다. 그 신화는 기독교적이 아니라 이교도적pagan이었기 때문에 그의 죽음을 슬픈 것이라고 보기는 했지만, 죄로 인해 발생한 것이라고 보지 않았다.

스미스 이론의 한계는 신화를 설명할 수 있지만 의례를 설명하지 못한다는 것이다. 그는 의례를 단순히 전제한다. 그 이론의 또 다른 한계는 신화를 의례에 한정되는 것으로 본다는 점이다. 물론, 전체적으로 볼 때, 스미스는 의례와 독립된 신화의 발전 과정을 밝히려고 시도한다.

에드워드 B. 타일러

스미스는 신화가 의례에 대한 설명이라고 주장함으로써 타일러 E. B. Tylor가 주장했던 표준적이고 고전적인 신화 개념을 거부했다. 타일러는 신화가 의례를 설명하는 것이 아니라 자연세계를 설명하며, 의례와 독립적으로 작동한다고 보았다는 사실을 기억하자. 신화는 행위가 아니라 진술이며, 결국 이야기 형태로 단순하게 표현된 교리다. 스미스가 신화가 의례에 종속된다고 보았다면, 타일러는 의례가 신화에 종속된다고 보았다. 타일러에게는 의례가 부차적이었다. 스미스는 신화가 의례를 전제한다고 보았지만, 타일러는 의례가 신화를 전제한다고 보았다. 타일러의 경우, 신화는 본질적으로 세계를 설명하는 기능을 가지고 있으며, 의례는 신화의 핵심 **주제**가 아니라 신화의 적용에 **불과**하다. 그리고 신화의 주제는 여전히 세계였다. 의례는 신화에 따라 달라지며, 타일러에게는 설명이 통제보다 훨씬 더 중요하다. 그 두 가지 이유로 타일러는 종교에서 의례보다 신화가 더 중요한 측면이라고 주장한다.

그의 저서의 핵심적인 내용에서 스미스는 타일러와 크게 다르지 않다. 두 사람 모두 신화는 온전히 고대적이라고 보았다. 그들은 현대 종교에는 신화는 물론 의례도 존재하지 않는다고 보았다는 점에서도 동일하다. 신화와 의례는 고대적인 것에 그치지 않고 '원시적'인 것이다. 사실상, 타일러와 스미스 두 사람 모두에게 고대 종교는 원시 종교의 연장선에 있는 것일 뿐이다. 그리고 그것은 현대 종교를 망하게 만드는 원인이다. 타일러에게 현대 종교는 더 이상 자연세계에 대한 것이 아니라 윤리와 형이상학의 결합물이기 때문에, 신화와 의례를 배제하고 성립하는 것이다. 그러나 스미스가 이해하는 현대 종교는 윤리와 교리의 결합체이기 때문에, 신화와 의례를 배제한다는 점에서 타일러와 조금 다르다. 타일러는 신화를 배제한 현대 종교가 고대적, 원시적 종교처럼 높은 곳에 머물지 않고 지상으로 내려왔다고 보았다. 그러나 스미스는 현대 종교가 신화는 물론 의례와도 단절되었기 때문에 초기 종교로부터의 도약이라고 보았다. 스미스는 가톨릭에 반대하면서 반-의례적인anti-ritualistic 장로파 프로테스탄 티즘이 현대 종교의 모델이라고 주장한다.

프레이저

프레이저는 여러 차례에 걸친 『황금가지』의 개정판을 통해, 그 책을 헌정한 친구 로버트슨 스미스의 이론을 넘어서는 '신화-의 례주의myth-ritualism'를 발전시켰다. 『황금가지』는 문화를 주술, 종 교, 과학의 단계로 나누는 문화 발달 삼분법으로 유명하지만, 실 제로 그 책의 대부분은 주술과 종교 사이의 중간 단계, 즉 주술과 종교가 결합한 단계에 관한 것이다. 신화-의례주의는 실제로 고 대적인 동시에 원시적인 그런 중간 단계에서 발견되며, 오직 그 단계에서만 신화와 의례가 함께 작동한다.

프레이저는 거의 일관성이 없는 전혀 다른 두 가지 형태의 '신 화-의례주의'를 제시한다. 이미 1장에서 논의된 첫 번째 유형 의 '신화-의례주의'에 따르면, 신화는 식물신의 일생과 만신전 pantheon에 속한 최고신들의 삶을 묘사하며, 의례는 신들의 죽음과 재생을 묘사하는 신화를 재연한다. 의례는 '유사성의 법칙law of similarity'에 근거하여 작동하며, 그런 주술적 원칙에 따라 어떤 행 위의 모방에 의해 실제로 어떤 일이 일어난다. 이런 종류의 주술을 가장 명료하게 보여주는 사례가 부두voodoo 의례다. 부두 의례는 식물의 생장 자체가 아니라 식물신을 직접 조종한다. 그리고 신이 발전함에 따라 식물도 저절로 성장한다. 식물이 신의 직접적인 통제 아래 있다는 사실 그 자체는 종교의 유산이다. 식물이 식물신을 통해 간접적으로 통제된다 할지라도, 식물이 통제된다는 사실은 주술의 유산인 것이다. 신화와 의례의 결합은 종교와 주술의 결합과 다르지 않다.

계절에 관한 주술 이론은 종교적 이론에 의해 대체되고 보완되었다. 왜냐하면, 당시 사람들은 계절적 변화를 근본적으로는 그것을 담당하는 신의 변화 때문이라고 믿었음에도 불구하고, 여전히 특정한 주술적 의례를 통해 생명의 법칙을 지배하는 신을 도와 죽음의 법칙과 싸워 이길 수 있을 것이라고 생각했던 것이다. 그들은 자기들이 신의 쇠락한 에너지를 보충하거나, 그를 죽음으로부터 되살릴 수 있을 것이라고 상상했다.

이 의례는 사람들이 겨울이 끝나기를 원할 때, 대개 저장한 양식이 다 떨어갈 때쯤 거행된다. 사람(많은 경우 왕)이 신의 역할을 맡고, 주술을 통해 신이 그 일을 할 수 있도록 유도하는 행위를 한다.

앞에서는 언급되지 않은 프레이저의 두 번째 유형의 '신화-의례주의'에서는, 왕이 중심이 된다. 여기서 왕은 신의 역할을 수행하는 것에 그치는 것이 아니라 그 자신이 신적인 존재가 된다. 프레이저는 이것을 왕 안에 신이 거주하는 것을 의미한다고 해석한다. 식물의 건강 상태가 그것을 지배하는 신의 건강에 달려있는 것처럼, 신의 건강은 왕의 건강 상태에 달려있다. 왕의 건강이 식물신의 건강을 좌우하고, 그 결과 식물 그 자체의 건강도 영향을 받는다. 지속적인 음식 공급을 보장하기 위해, 그 집단은 왕이 아직 전성기를 누리고 있을 때, 즉 그의 영혼이 안전하게 후계자에게 옮겨 갈 수 있는 상태에 있을 때, 왕을 죽인다.

왜냐하면 [원시인들은] … 왕의 생명과 영혼은 나라 전체의 번영과 일심동체로 묶여있다고 믿는다. 따라서 그들은 왕이 병 들거나 노망이 들면, 가축도 병이 들고 번식을 멈출 것이며 작물은 들판에서 썩게 되고 사람들은 역병으로 망할 것이라고 믿는다. 따라서 그들은 이런 재난에서 벗어날 수 있는 유일한 길은 왕이 아직 원기 왕성하고 활발할 때 왕을 죽이는 것이며 그가 선조로부터 물려받은 신성한 영혼이 아직 혈기로 가득하고 질병이나 노쇠함으로 약해지지 않은 상태로 이번에는 그의 후계자에게 전달될 것이라고 생각한다.

왕은 짧은 임기가 끝날 때, 혹은 질병의 첫 징조가 나타날 때 살해된다. 첫 번째 유형에 따르면, 그들은 겨울을 끝내기 위해 그런 행동을 한다. 그리고 두 번째 유형에서는, 세상에서 일어나는 재난은 왕의 허약함 탓이라고 해석된다. 하지만, 왕이 쇠약해졌을 때 혹은 그가 아직 쇠약해지기 전에 제거된다고 해도, 겨울은 어김없이 매년 다시 찾아온다. 프레이저는 그 이유를 설명하지 않고 남겨둔다.

역사적으로 볼 때, 두 번째 유형의 신화-의례주의가 훨씬 큰 영향력을 가지고 있지만, 어떤 유형의 설명이든 실제로는 종교적 신화와 주술적 의례 사이의 연결성은 여전히 빈약하다. 그들이 실행하는 의례는 식물신의 신화를 재현하는 것이라기보다는, 단순히 현재의 왕의 몸에서 후계자 왕의 몸으로 신의 거처를 바꾸는 것일 뿐이다. 이 두 번째 유형에서 왕은 신의 죽음을 모방하기 위해 죽는 것이 아니라 신의 건강을 보전하기 위한 희생물로 죽는다. 여기서 신화가 어떤 역할을 하는지 알기는 어렵다. 주술적 모방을 통해 신을 재생시키는 대신에 의례는 대체물substitution을 통해 신을 재생시킨다.

프레이저의 첫 번째 유형의 신화-의례주의 시나리오에서 신화는 의례에 앞서 등장하는데, 이는 스미스의 입장과 반대되는 것이다. 주술과 종교의 결합 단계에서 재현되는 신화는 종교 단계에서 나타나고, 그 신화를 적용한 의례보다 시기적으로 앞선다. 결합 단계의 신화에서는, 스미스의 경우처럼, 처음 시작할 때부터 의례의 관점을 설명한다.

신화는 그것 자체의 본래적이고 유일한 의미를 의례에 제공한다. 만약 식물신의 죽음과 재생의 신화가 없다면, 식물신의 죽음과 재생이 의례적으로 재현되는 일은 아마도 일어나지 않을 것이다. 그래도 타일러에게 신화는 프레이저의 경우처럼 세계, 즉 식물의 생장 과정에 대한 설명이며, 스미스가 말하는 의례에 대한 설명이 아니다. 그러나 타일러와 달리 프레이저에게는 설명이 단지 통제의 수단이기 때문에, [타일러의 관점과 달리] 신화는 과학 이론에 대한 고대적, 원시적 대응물이 아니라 응용과학에 대한 대응물이 된다. 의례는 신화의 적용일 수 있지만, 그럼에도 신화는 의례에 종속되어 있다.

프레이저의 신화-의례주의의 가장 중대한 한계는, 스미스의 경우처럼, 현대의 신화와 의례를 배제할 뿐만 아니라 심지어 고대적, 원시적 신화-의례주의를 식물신의 죽음과 재생에 대한 신화로 제한한다는 사실에서 찾을 수 있다.

스미스가 아도니스 신화를 단지 지나치면서 언급하는 반면, 프레이저는 아도니스를 식물신의 탄생과 죽음의 신화, 그리고 의례적 패턴의 핵심적인 사례로 삼는다. 일관성의 문제는 차치

신화란 무엇인가

하고, 프레이저는 아도니스를 문화의 전前-과학적pre-scientific 단계, 즉 주술의 단계, 종교의 단계, 주술과 종교가 결합한 단계라는 세 단계 안에 위치 지운다.

프레이저는 저 유명한 아도니스의 '정원'을 그의 문화 단계론에서의 첫 번째 단계, 즉 주술 단계에 위치시킨다. 이 단계에서 사람들은 신이 아닌 비인격적 힘이 자연세계의 사건들을 일으킨다고 믿는다. 고대 그리스인들은 지붕 위에 흙을 가득 채운 화분을 놓고 그 화분에 씨앗을 뿌렸다. 그리고 그들은 식물을 자라게 만드는 생육의 신을 설득하기 위해서가 아니라 주술의 '유사성의 법칙'에 따라 식물이 자라기를 요구했던 것이다. 왜냐하면 "사실을 모르는 그들은 자기들이 얻고자 하는 결과를 모방함으로써, 실제로 그것을 만들어낼 수 있다고 생각했기 때문이다." 이 단계에서는 아직 신이 존재하지 않았기 때문에, 아도니스는 식물의 신이 될 수 없다. 그는 오히려 식물 그 자체였다. 식물이 아도니스를 상징하는 것이 아니라 아도니스가 식물을 상징했던 것이다.

프레이저의 문화 단계론에서 두 번째 단계에 해당하는 종교 단계에서는 신들이 주술적 법칙을 대신하고, 자연세계에서 일어나는 사건들의 원천으로 여겨진다. 따라서 아도니스는 적어도 문자적인 의미의 식물신이 된다. 따라서 식물신으로서 그는 수

확을 보증하는 존재가 되었다. 그렇지 않다면, 그에 대한 의례적이고 윤리적인 명령에 대한 복종을 강화하는 방향으로 나갔을 것이다. 프레이저는 죽음을 애도하는 의례가 아도니스를 위해 실행되었다고 쓰고 있다. 그러나 그렇게 본다면, 그 의례는 아도니스를 죽음으로부터 회복시키기 위한 것이 아니라 그의 죽음에 대해 용서를 구하는 것이 된다. 프레이저 식으로 그것을 애도 의례로 해석한다면, 아도니스가 죽은 것은 그가 지하세계로 내려갔기 때문이 아니라 인간이 곡물을 자르고, 밟고, 빻으면서 곡물로 상징되는 그를 죽였기 때문이다. 아도니스의 죽음은 "여름의 더위나 겨울의 추위 때문에 일반적으로 나타나는 식물의 자연적 쇠퇴"라기보다는 "인간에 의한 폭력적인 파괴에 의해 일어난 일"이다. 그러나 아도니스는 어떻게든 인간에게 충분히 벌을 내릴 수 있을 만큼은 살아있기 때문에, 그에게 용서를 구하기 위해 죽음을 애도하는 의례를 바쳤다는 것이다. 그러나 식물이 시드는 것처럼 아도니스 자신도 죽기 때문에, 첫 번째 단계에서와 마찬가지로, 그는 자신이 통제하기로 되어 있는 요소를 드러내는 은유일 뿐이다.

프레이저의 문화 단계에서의 세 번째 단계, 즉 주술과 종교가 결합하는 결합 단계에서 아도니스는 마침내 신이 되었던 것 같다. 두 번째 단계에서는 식물의 상태가 어떻게 되느냐에 따라 아도니스의 존재가 결정되었다. 이제는 아도니스가 어떻게 되느냐에 따라 식물의 상태가 결정된다. 아도니스의 죽음은 그가 페르세포네와 함께 지내기 위해 지하세계로 내려가는 것을 의미한다. 아도니스가 지하세계로 하강하기를 원하든 그렇지 않든, 프레이저는 아도니스가 너무 연약한 존재라서 혼자 힘으로 지상으로 되돌아올 수 없다고 생각한다. 사람들은 의례를 통해 아도니스의 재생을 재연하고, 그의 귀환을 용이하게 만들어 준다. 그리고 그 의례적 재연에는 주술의 유사성의 법칙이 채택된다. 다른 한편, 의례는 아도니스의 복귀를 강제하지 않고 단지 용기를 북돋우기만 한다. 아도니스는 죽음의 상태에 있음에도 불구하고, 도움을 받지 않고도 스스로 죽음을 극복할 수 있을 정도의 생기는 갖고 있기 때문이다. 이 단계에서 자연세계를 통제하는 것은 신들이지만, 세계에 대한 그들의 영향은 신중하게 숙고된 것이라기보다 자동적인 것이다. 의례를 통해 아도니스의 재생을 재연하는 것은 그의 재생에 박차를 가하는 것이며, 그것을 통해 식물의 재생을 촉진하는 것이다.

그러나 이 단계에서, 프레이저가 고려하는 아도니스의 삶은 죽음과 재생, 즉 식물 생장의 일 년 주기에 상응하는 측면뿐이다. 그의 이론에서 아도니스의 삶의 다른 측면, 즉 근친상간에 의한 탄생으로 시작되는 부자연스러운 삶의 측면은 무시된다. 그의 부자연스러운 죽음의 원인, 즉 의도된 살해는 차치하고, 무엇보다 아도니스의 최종적 죽음마저 무시된다. 프레이저는 그렇게 할 수밖에 없었다. 왜냐하면 아도니스의 삶이 식물의 생장 과정을 상징하는 것이라면, 아도니스는 지속적으로 죽고 다시 태어나야 하기 때문이다. 그러나 아도니스의 이야기는 실제로 그렇게 전개되지 않는다. 아폴로도로스 버전에 등장하는 아도니스가 매년 죽음을 극복한다는 사실이 무엇을 의미하든, 아도니스는 그런 반복을 무한하게 이어가지 않는다. 오비디우스 버전의 아도니스는 일단 죽은 후에는 결코 다시 살아나지 않으며, 그래서 비너스는 그의 영원한 죽음 앞에서 커다란 슬픔에 잠긴다. 그렇다면 죽음을 면치 못하는 그의 짧은 인생이 어떻게 영원한 재생을 상징할 수 있으며, 그가 어떻게 신이 될 수 있는가? 프레이저는 그 점에 대해 자신의 생각을 결코 밝히지 않는다.

마지막으로, 프레이저는 다시 한 번 이론적 일관성을 희생하면서, 심지어 주술과 종교의 결합 단계에서도 아도니스의 삶이 단지 식물 자체의 생장 과정에 대한 상징일 뿐이라고 선언한다. 즉 그 신화는 아도니스가 한 해의 일정 부분을 지하세계에서 보내는 이야기에 불과한 것이 되고 마는 것이다.

아도니스는 일 년의 절반을 땅속에서 보내고 나머지 절반은 땅위

에 다시 나타나는 식물, 특히 곡물을 표상한다고 가정하면, 그 신화
는 아주 간단하게, 그리고 자연스럽게 설명된다.

아도니스는 이제 식물의 운명의 원인이 아니라 오직 그 운명
에 대한 은유에 불과한 존재가 된다. 따라서 아도니스는 문화의
두 번째 단계에서뿐 아니라 세 번째 단계에서도, 식물이 떠나면
(시들면) 아도니스도 떠난다(죽는다). 그러나 그 반대는 성립하지
않는다. 신이 더 이상 의례적으로 되살아나지 않게 될 때, 다시 말
해, 식물의 생장 과정에 대한 서술만 남고 그것에 설명이 존재하
지 않게 될 때, 신화-의례주의가 어떻게 가능한지를 이해하는 것
은 쉽지 않다. 하지만, 최종적으로 신화를 자연 과정에 대한 상징
적 묘사라고 이해한다는 점에서, 프레이저는 '자연 신화학자natural
mythologists'라고 알려진 독일의 19세기 이론가들과 비슷해진다.

제인 해리슨과 후크

'신화-의례주의' 이론의 다음 단계는 제인 해리슨Jane Harrison, 1850-
1928과 후크S. H. Hooke, 1874-1968에서 시작되었다. 그들은 고전학자들
과 성서학자들로 구성된 '신화-의례주의'의 초기 주요 그룹의 영
국인 리더들이다. 그 둘의 입장은 대단히 가깝다. 비록, 거의 프
레이저만큼이나 일관성 없이, 후크가 가끔 프레이저의 문화의

두 번째 단계에 대한 이론을 따르는 논의를 하기는 하지만, 대체로 해리슨과 후크 두 사람은 프레이저의 첫 번째 단계의 신화–의례주의 체계를 따른다. 그리고, 프레이저와는 달리, 해리슨과 후크는 주술 단계 및 종교 단계와 구별되는 중간 단계를 특별히 상정하지 않는다. 그러나 두 사람은 프레이저의 주술과 종교의 결합 단계에 해당하는 단계에서 논의를 시작한다. 프레이저처럼, 그들 역시 '신화–의례주의'를 현대 과학에 대한 고대적, 원시적 대응물로 생각하며, 현대 과학은 '신화–의례주의'뿐 아니라 신화와 의례 그 자체를 대신한다고 이해한다. 무엇보다 해리슨과 후크는 프레이저의 입장을 따라서, 지금까지의 격조 높고 뛰어난 종교들, 즉 헬레니즘 시대의 그리스 종교와 성서 시대의 이스라엘의 종교를 원시적인 단계의 종교라고 말한다. 그들이 나타나기 전의 전통적인 관점은 그리스와 이스라엘의 문화 수준은 그 주변의 몽매하고 주술적인 시도를 넘어서 있다는 것이었으며, 그런 관점은 지금도 계속 이어진다.

특히 해리슨은 프레이저와 후크를 극복하기 위해 식물의 재생 의례에 사회의 일원이 되는 것을 기념하는 '입문의례ritual of initiation'를 추가한다. 심지어 그녀는 처음에는 입문의례만 존재했다고 주장한다. 처음에 신화는 존재하지 않았다. 스미스의 경우처럼, 그녀도 의례가 신화보다 앞선다고 생각했다. 신은 의례에 의해 생성되는 행복감의 투사에 불과하다. 그리고 신은 식물신이 되었고, 그 식물신의 죽음과 재탄생의 신화가 생겼다. 그런 다음 입문의례는 농경의례로 발전했다. 입문자가 상징적인 죽음을 거쳐 온전한 자격을 갖춘 사회의 구성원으로 다시 태어나는 것처럼, 식물신이 죽음을 극복하고 다시 태어난다. 곡물도 문자적으로 죽었다가 다시 태어났다. 그 이후 얼마 지나지 않아, 의례의 입문의례로서의 측면은 쇠퇴했고, 프레이저가 말하는 식의 농경의례만 남게 되었다.

해리슨과 후크 두 사람은 프레이저보다 더 멀리 나간다. 프레이저에게 신화의 힘은 단지 연극적인 것이지만, 해리슨과 후크에게 신화는 입 밖으로 구술된 이야기로서 주술적인 힘을 갖는다. 미국의 고전학자 그레고리 네이기Gregory Nagy 같은 현대의 '신화-의례주의' 지지자들은 신화는 그 자체로 의례라고 말할 수 있을 만큼 의례적 실천, 즉 공연과 밀접하게 연결되어 있으며 기록written 문학과 반대되는 구전oral 문학적 특성을 가지고 있다고 주장한다.

신화를 무엇보다 공연이라고 보게 되면, 신화 자체가 의례의 한 형태라는 사실을 알 수 있다. 신화와 의례를 따로 떼어놓고 대립적으로 보지 않고, 신화가 의례의 언어적 측면이며 의례는 신화의 관념적인 측면이라고, 그 둘을 연속성 안에서 이해할 수 있는 것이다.

내가 보기에 이러한 관점이 후크와 해리슨의 관점을 넘어서고 있는지는 분명하지 않다.

이론의 적용

길버트 머레이Gilbert Murray, 콘포드F. M. Cornford, 쿡A. B. Cook 등 영국 고전학자들은 해리슨의 이론을 비극, 희극, 올림픽 경기, 과학, 철학과 같은 고대 그리스의 여러 현상들에 적용했다. 그들에 따르면, 겉보기에는 세속적인 심지어 반종교적이라고 볼 수도 있는 이런 현상들은 식물신의 죽음과 재생 신화를 잠재적으로 표현하는 것이라고 해석될 수 있다.

나아가 스웨덴의 이반 엥그넬Ivan Engnell, 웨일스의 오브레이 존슨Aubrey Johnson, 노르웨이의 지그문트 모빙켈Sigmund Mowinckel은 특별히 고대 이스라엘이 '신화-의례주의'의 패턴을 가지고 있었는지에 대해 전혀 다른 입장을 보여주었다. 이반 엥그넬은, 신중한 태도를 보였던 후크에 비해, 훨씬 더 강하게 고대 이스라엘이 신화-의례주의적 패턴을 가지고 있었다고 주장한다. 그러나 오브레이 존슨과 지그문트 모빙켈은 그런 패턴의 강도가 약했다고 주장한다.

이미 1장에서 살펴본 바 있는 말리노프스키는, 프레이저를 인용하면서, 자신만의 이론을 모든 원주민 신화에 적용시켰다. 스미스의 경우처럼, 말리노프스키 역시 신화는 의례의 기원을 설명하는 것이라고 보면서, 신화가 의례의 시간적 과거를 재구성해주고, 그렇게 함으로써, 의례를 제한한다고 주장한다. 사회는 의례와의 밀착도를 높이기 위해 신화에 의존한다는 것이다. 그러나 말리노프스키가 말하는 것처럼 모든 의례가 신화에 의존한다면, 사회가 의존하는 다른 많은 문화적 관행들 역시 신화에 의존한다. 그런 문화적 관행들은 자신만의 신화를 갖는다. 따라서 신화와 의례는 동일한 시공간에 존재하지 않는다.

3장에서 논의했던 미르세아 엘리아데는 말리노프스키와 유사한 형태의 이론을 원시 문화에 대해서만 아니라 현대 문화에도 적용하면서도, 말리노프스키를 넘어선다. 엘리아데에게 신화는 단지 의례만이 아니라 모든 종류의 현상에 대한 최초의 기원을 제시하는 것이다. 그리고 그런 기원은 그 현상의 존재를 긍정하는 역할을 한다. 그렇게 되면 신화와 의례는 동일한 시-공간 안에 존재하지 않는 것이 된다. 그러나 엘리아데는 신화의 궁극적 기능을 실현하기 위해서는 신화를 실행에 옮기는 의례적 재연enactment이 중요하다는 사실을 강조함으로써 다시 말리노프스키를 뛰어넘는다. 그렇게 의례를 통해 재연된 신화는 타임머신

신화와 의례

이 되어 인간을 신화의 시간으로 데려간다. 그렇게 우리는 신에게 더 가까이 다가갈 수 있다.

문학에 적용된 신화 이론

종교 연구 이외의 영역에서 '신화-의례주의' 이론을 가장 유용하게 활용한 분야는 문학 연구 영역이었다. 해리슨 자신은 대담하게 문학뿐 아니라 모든 예술이 의례에서 도출된 것이라고 주장했다. 그녀에 따르면, 사람들은 점차적으로 어떤 행위의 모방이 그 행위를 발생시키는 원인이라는 사실을 믿지 않게 되었다. 그러나 사람들은 의례를 포기하기보다는 의례 그 자체의 실행을 목적으로 삼아 의례를 실천하게 된다. 의례의 실행 자체가 예술이 되었고, 그런 가장 분명한 사례가 '드라마'였다. 해리슨보다는 더 조심스럽게, 머레이Murray와 콘포드Conford는 그리스의 서사시, 비극, 희극을 '신화-의례주의' 범주 안에 정착시켰다. 머레이는 그런 관점을 셰익스피어의 희곡을 설명하는 데까지 확장했다.

신화-의례주의 이론의 또 다른 권위 있는 지지자로는, 성배 전설에 대해 연구한 제시 웨스턴Jessie Weston, 파우스트 전설에 대해 연구한 버틀러E. M. Butler, 셰익스피어의 희곡에 대해 연구한 바버C. L. Barber, 비극 일반 및 셰익스피어의 비극을 연구한 허버트 웨이싱거Herbert Weisinger, 비극에 대해 연구한 프랜시스 퍼거슨Francis

Fergusson, 영웅신화와 문학 일반에 대한 연구로 유명한 래글런 경 Lord Raglan, 문학 이론 일반에 그 이론을 적용한 노스럽 프라이 Northrop Frye와 스탠리 에드거 하이만Stanley Edgar Hyman 등이 있다. 문학 비평가였던 그들 신화-의례주의자들이 신화 자체보다는 문학의 신화적 기원에 더 많은 관심을 가졌다는 것은 쉽게 이해할 수 있다. 그들은 문학 작품이 과거 어느 시점에서는 의례와 묶여 있던 신화의 곁가지라고 해석한다. 프레이저에게 빚지고 있는 이들 문학 비평가들은 대부분 프레이저의 두 번째 유형의 '신화-의례주의' 시나리오로 되돌아간다. 그리고 그 시나리오는 '왕은 죽어야 한다'는 익숙한 문장으로 요약될 수 있다.

문학적 '신화-의례주의자'들은 신화가 의례로부터 분리될 때 문학이 된다고 말한다. 의례와 연결된 신화는 종교적인 문학이며, 의례에서 분리된 신화는 세속적 문학, 즉 일반적인 문학이다. 신화는 의례에 연결되어 있을 때 신화로서 적극적 역할을 할 수 있다. 의례와 분리된 신화는 단지 주석으로 축소된다.

문학적인 '신화-의례주의'는 신화와 의례 그 자체에 대한 이론이라고 볼 수 없으며, 신화와 의례가 문학에 미치는 영향에 관한 이론에 불과하다. 그러나 그것은 동시에 문학을 신화로 환원하는 것을 부정하기 때문에 온전한 문학 이론이라고 볼 수도 없다. 문학적 '신화-의례주의'는 신화 및 의례가 어떻게 문학으로 변형

신화와 의례

되었는지에 관한 설명에 불과하다. 그 문제에 대해서는 다음 장에서 상세히 살펴 볼 것이다.

르네 지라르

래글런 경은 5장에서 상세히 논의할 『영웅*The Hero*』에서 공동체를 위해 죽는 왕을 영웅으로 탈바꿈시킴으로써 프레이저의 두 번째 유형의 '신화–의례주의' 시나리오를 확대했다. 그러나 르네 지라르René Girard, b.1923는 『폭력과 성스러움*Violence and the Sacred*』과 그 이후에 출판된 수많은 저작에서 래글런을 직접 인용하지는 않으면서 그의 이론을 비튼다. 래글런의 영웅은 공동체를 위해 스스로 희생하는 존재인 반면, 지라르의 영웅은 재난을 야기했다는 이유로 공동체에 의해 살해되거나 공동체로부터 추방당하는 존재다. 사실, 지라르의 영웅은 처음에는 죽어 마땅한 범죄자로 간주되었던 인물이다. 그리고 나중에 그 인물은 래글런의 경우와 마찬가지로, 사실은 공동체를 위해 무고하게 희생당한 영웅이라는 사실이 드러난다. 래글런과 지라르 모두는 자기들 이론의 사례로 오이디푸스를 인용한다. 그렇다고 해서 그 두 사람이 프로이트주의자였던 것은 아니다. 오히려 그들은 프로이트를 공격한다. 르네 지라르는 소포클레스의 『오이디푸스 왕』에서는 사악한 자로서 추방을 당했던 오이디푸스가 『콜로누스의 오이디푸스』에

신화란 무엇인가

서는 칭송받는 시혜자로 변모하는 것은 범죄자가 영웅으로 변화하는 전형적인 사례가 될 수 있다고 주장한다.

그러나 지라르는 이런 변화가 단지 이야기의 후반부에서 일어나는 것일 뿐 이야기의 전반부에서는 무고한 사람이 범죄자가 되었다는 사실을 지적한다. 애초에 공동체 안에서는 폭력이 난무했다. 그리고 그 폭력은 인간 본성 안에 내재하는 모방 성향 때문에 발생한 것이다. 인간은 본래적으로, 모방을 통해 모방하려는 대상과 동일한 존재가 되려고 하는 욕망을 감추고 있는 존재다. 그런 모방 욕망은 경쟁을 낳고 경쟁은 폭력을 낳는다. 공동체는 공동체 안에 만연하는 폭력을 멈추기 위해, 폭력으로 인한 혼란의 책임을 전가할 수 있는 사람을 찾는다. 그 사람은 결백하지만 책임 전가의 메커니즘에 따라 희생물로 선택될 수 있다. 사실 그런 메커니즘 안에서는 누구든지 '희생양'이 될 수 있다. 그 사회에서 가장 무력한 사람이 선택될 수도 있고, 오이디푸스처럼 가장 고귀한 사람이 선택될 수도 있다. 많은 경우 희생자는 살해되지만, 오이디푸스처럼 추방을 당하기도 한다. 살해는 의례적 희생이다. 프레이저의 경우처럼 신화가 의례를 **감독**하는 것이 아니다. 지라르는 살해 **이후**에 그 사실을 **은폐**하기 위해 신화가 만들어진다고 생각한다. 지라르는 스미스와 마찬가지로 의례에서 신화가 나온다고 본다. 하지만, 신화는 의례를 설명하는 것

신화와 의례

이 아니라 의례를 **정당화**하는 것이다. 신화는, 처음에는 희생양이 죽어 마땅한 범죄자라고 주장했으나, 나중에는 그 범죄자가 공동체의 평화를 위해 자발적으로 죽음을 받아들인 영웅이라고 주장한다.

지라르의 이론은 사회의 주인공에 대한 것이기에 아도니스 신화에는 적용이 불가능한 것처럼 보일 수 있다. 아도니스는 기꺼이 죽는 것도 아니고 무고하게 죽는 것도 아니다. 그가 거주하는 숲과 지하세계는 순수한 세계로서, 일상의 사회로부터 가장 멀리 떨어져 있는 듯하다. 그럼에도 불구하고 8장에서 살펴볼 것처럼, 아도니스 신화를 사회적인 관점에서 해석할 수 없는 것은 아니다. 그리고 그때 오이디푸스 신화에 대한 지라르의 해석이 자세히 논의될 것이다.

지라르는 래글런을 언급하지 않지만 프레이저는 자주 언급한다. 지라르는, 프레이저의 두 번째 유형의 신화-의례주의 시나리오에 한정하면서, 왕을 살해하는 원시적 의례를 인정했다는 점에서 프레이저를 높이 평가한다. 그러나 프레이저는 원시 의례의 실제적인 기원과 기능을 이해하지 못했다는 점에서 비판을 피할 수 없다. 프레이저에게 희생은 세계에 대한 원시적이고 전-과학적인 설명을 적용한 것에 불과하다. 왕은 살해되고 다른 왕으로 대체됨으로써 왕의 영혼 안에 거주하는 식물신은 건강을 유지하거나 회복할 수 있다. 희생의 기능은 전적으로 농경과 연관되어 있다. 희생자에 대한 대중의 증오는 보이지 않으며, 그는 왕으로서의 의무를 다하고 자신이 치른 희생에 대해 칭송받는다. 이처럼, 프레이저는 신화적 은폐mythic cover-up에 매료되어 실상을 보지 못한 것이다. 8장에서 다시 논의하게 되겠지만, 의례와 그것에 이어지는 신화의 진정한 기원, 진정한 기능은 농경적이 아니라 사회적이다.

발터 부케르트

신화와 의례의 분리 불가능성을 정설로 정립한 학자는 아마도 미국의 인류학자 클라이드 클럭혼Clyde Kluckhorn일 것이다. 독일인 고전학자 발터 부케르트Walter Burkert, 1931-2015는 신화와 의례의 원래적 일체성을 당연하게 여김으로써 클럭혼의 입장을 인정한다. 그는 신화와 의례가 함께할 때, 클럭혼이 가정하는 것처럼 하나의 공통 기능을 하는 것에 그치지 않고, 서로를 강화한다고 주장한다. 신화는 인간 행위가 신성한 기원을 가진다고 말함으로써 의례를 강화한다. 반대로 의례는 단순한 이야기를 가장 의무적인 행위로 전환시킴으로써 신화를 강화한다. 사람들은 징벌이 없다 해도 그 행위를 하지 않으면 불안 때문에 괴로워하게 된다. 로버트슨 스미스는 신화가 의례를 위해 기능한다고 주장했다.

신화와 의례

그러나 부케르트는 의례가 신화를 위해 기능한다고 주장한다.

지라르와 마찬가지로, 부케르트 역시 신화의 뿌리를 희생 sacrifice에서 찾는다. 그리고 희생의 뿌리는 공격성이지만, 부케르트는 희생을 인간 희생에 한정시키지 않는다. 희생의 뿌리는 사냥 활동에서 표현되는 공격성이다. 나아가, 지라르와 달리, 부케르트는 신화가 희생 사실을 은폐하는 기능을 하는 것이 아니라 신화는 오히려 희생 사실을 보존하며, 희생의 심리적, 사회적 효과를 유지시키는 기능을 한다고 말한다. 해리슨과 마찬가지로, 부케르트는 신화를 희생의례는 물론 입문의례와도 연결시킨다. 신화는 여기서 의례가 담당하던 사회화 기능socializing function을 담당하게 되는 것이다.

부케르트에게 의례는 '마치 그런 것처럼as if' 하는 행동이다. 그가 제시한 예를 들어 말하자면, '의례'는 실제 사냥에서 실행하는 풍습이나 절차가 아니라 드라마화된 사냥이다. 따라서 의례의 기능은 더 이상 식량을 확보하는 것에 한정되지 않는다. 왜냐하면, 농사가 사냥을 대신하여 식량을 확보하는 주요 수단으로 확립된 이후에야 비로소 진정한 의례가 실행되기 때문이다.

사냥은 농업이 출현한 약 10,000년 전부터 기본적인 기능을 상실했다. 그러나 사냥 의례는 너무나 중요한 의례로 확립되어 있었기 때문에 그것을 포기할 수는 없었다.

실제 사냥 및 의례화된 사냥의 공동체적 성격은 인간의 공격성과 죽음에 대한 불안을 완화시키는 동시에 참여자들 사이의 유대를 강화하는 기능을 했다. 그리고 그 기능은 농업적인 것이 아니라 심리적이고 사회적인 것이었다.

아마도 부케르트는 아도니스 신화가 모순으로 가득 찬 이야기라고 생각할 것이다. 아도니스는 공동체 단위로가 아니라 홀로 사냥을 한다. 그리고 아도니스는 죽음의 불안 때문에 고뇌했던 사람이 아니었으며, 어떤 의미에서는 진짜 사냥꾼이라고 말할 수도 없다. 아도니스에게 사냥은 목숨을 건 대결이라기보다는 하나의 스포츠였다. 따라서 사냥은 심리적으로나 사회적으로나 아도니스로 하여금 어떤 일을 하도록 촉진하는 힘을 가지지 않았다. 그러나 그의 이야기는 여전히 하나의 경고로서 기능할 수 있다. 이 점에 대해서는 8장에서 다시 다룰 것이다.

신화와 의례

5

신화와 문학

신화와 문학의 관계는 다양한 형태를 가지고 있다. 그중에서 가장 중요한 형태는 문학 작품 안에서 신화를 사용하는 것이었다. 문학 수업에서 가장 표준적인 내용은 서구 문학에서의 고전적인 인물, 사건, 주제를 추적하는 일이다. 이교도와 싸우는 와중에도 그리스 신화를 활용했던 교회 교부들을 비롯하여, 페트라르카, 보카치오, 단테, 초서, 스펜서, 셰익스피어, 밀턴, 괴테, 바이런, 키츠, 셸리를 거쳐 조이스, 엘리엇, 지드, 콕토, 아누이, 유진 오닐에 이르는 여러 작가들은 작품 안에서 신화를 활용했다. 성서 신화도 자주 활용되었다. 작가들은 그 두 종류의 신화를 문자적으로, 혹은 상징적으로 읽었으며, 그것을 재배열하기도 하고 재창조하기도 했다. 신화는 음악과 영화를 포함한 모든 예술 형태에서 발견된다. 프로이트는 오이디푸스와 엘렉트라의 이름

신화와 문학

을 원용하여, 인간의 가장 근원적인 본능적 욕구를 명명하는 개념을 만들었다. 나아가 인간의 자기애self-love를 표현하기 위해 나르시스라는 인물을 끌어들였다.

그리스의 고전 신화, 즉 이교도 신화가 널리 퍼지게 된 것은 성서 신화가 퍼진 것보다 훨씬 더 큰 사건이라고 평가될 수 있다. 왜냐하면 그 신화들의 모태였던 그리스 종교는 2천 년 전에 이미 사라졌지만, 그 종교의 일부였던 신화는 죽음을 극복하고 살아남았기 때문이다. 그와 달리, 성서 신화는 그것을 표현하는 단일한 종교로 인해 유지될 수 있었다. 사실 고전 신화들은 그것의 모태가 되는 종교를 파괴한 기독교 문화에 의해 유지되었던 것이다. 기독교 문화에서 '이교적pagan'이라는 단어는 부정적인 뉘앙스를 가지고 있다. 그럼에도 불구하고, 즉 그것의 모태가 되는 종교는 사라졌음에도 불구하고, 신화들만 살아남았다는 사실은 종교와 신화의 운명에 대한 타일러의 입장에서 볼 때 역설적 반전이다. 물론, 타일러는 '이교'가 아니라 기독교를 염두에 두고 있었고, '이교'가 아니라 현대 과학의 출현에도 불구하고 살아남은 기독교에 대해 말했던 것이지만.

문학에 나타나는 신화적 주제들

문학에서 신화는 인물이나 사건 나아가 범주적인 면에서보다는 주제적인 면에서 더 지속적이다. 20세기의 가장 탁월한 미국 문학 비평가의 한 사람인 라이오넬 트릴링Lionel Trilling은 「현대 문학의 교육에 관해서」1961라는 논문에서, "우리 시대를 형성하고 통제하는 아이디어 중의 하나라고 말할 수 있을" 만큼이나 중심적인 주제"는 "문화 자체와 더불어 우리[서구] 문화의 마법에서 벗어난 것"이며, "현대 문학의 특징적 요소는 … 우리 문명을 관통하는 문명에 대한 심각한 적대감"이라고 주장한다.

트릴링은 그런 사태의 원인을 니체와 프로이트, 나아가 프레이저에게서 찾는다. "나는, 현대 직전의 책 중에서 우리 문학에 가장 심오한 영향을 준 것은 과연 무엇일까, 라고 자문했다. … 그러자 마음에 떠오른 책이 제임스 프레이저 경의 『황금가지』였다. 현대 문학에 대해 체계적으로 생각하는 사람이라면 누구나, 신화, 특히 죽고 다시 태어나는 신들에 대해 이야기하는 신화가 지닌 위대한 역할을 인정하는 것은 어쩌면 당연하다." 문학적 주제라는 점에서 본다면 프레이저의 '신화-의례주의' 두 가지 유형 모두가 연관성이 있다. 일반적으로 프레이저는 과학에 비해 신화와 종교가 시대에 뒤떨어진 것이라고 보았다고 알려져 있지만, 트릴링은 프레이저가 과학적 현대성에 의해 잊혀진 '원시주의primitivism'를 찬양한 학자라고 이해한다. "프레이저의 목적은 과학적이었다. 그러나 프레이저는, 실증주의와 현대적 상식으로부터 탈출하기 위해, 낭만주의자들을 비롯한 현대인들이 다시 살리기를 원했던 오래된 방식의 세계 경험을 정당화하는 결과를 가져왔다." 트릴링은 프레이저가 문명에 **저항하기 위해** 원시주의를 신봉했으며, 그가 고취한 원시주의의 핵심은 신화라고 주장했다.

트릴링은 모더니스트들이 현대인 안에 존재하는 원시인을 발견하지 못했다고 말한다. 모더니스트들은 프레이저가 묘사한 원시주의를 구해내기 위해 현대인을 거부했다는 것이다. 그와 비슷하게, 미국의 문학비평가 존 비커리John Vickery는 『황금가지의 문학적 영향The Literary Impact of The Golden Bough』 1973이라는 책에서 예이츠, 엘리엇, 로렌스, 조이스와 같은 주요한 모더니스트들에게 나타나는 프레이저의 영향 관계를 추적한다. 그 책의 여러 장의 제목만으로도 우리는 비커리가 프레이저의 신화 이론에 빚지고 있음을 분명히 알 수 있다. 예를 들어, '제임스 조이스: 율리시즈와 인간 희생양'과 같은 제목이 그것이다.

현대 작가들이 주목한 신화 이론가는 프레이저만이 아니다. 예를 들어, 미국의 문학비평가 릴리언 페더Lillian Feder는 『현대시에 나타난 고대 신화』1971에서 프레이저뿐 아니라 프로이트와 칼 융이 예이츠, 파운드, 엘리엇, 오든 등에게 미친 영향을 보여준 바 있다. 그는 프로이트 및 융의 영향을 통해, "이들 시인들 모두는 신화가 무의식적 느낌과 본능의 표현이자 인도자라는 사실을 새롭게 인식하게 되었다."라고 말했다. 나아가 페더는 프레이저의 가장 위대한 업적이 "인간의 사회사 전체를 관통하여 어떤 형태로든 지속되고 있는 여러 전제와 느낌의 패턴이 고대적, 원시적 의례 뒤에 숨어 있다는 사실을 발견한"것이라고 생각한다.

비커리나 트릴링과 마찬가지로 페더 역시 문학에 대한 신화의 영향은 고대의 인물이나 사건이 아니라 그것의 주제에서 찾아야 한다고 본다. 신화의 주제는 영원하다. 신화는 문학과 밀접한 관계를 유지하고 있다. 제대로 이해하기만 한다면, 신화는 단순히 트로이의 정복이나 여리고의 함락에 관한 것이 아니라 인간 본성에 관한 것이기 때문이다.

페더, 비커리, 그리고 트릴링은 모두, 신화가 문학에 영향을 주었다면, 그것은 사실은 신화 **이론**의 영향일 것이라고 생각한다. 신화 자체가 아니라 이론가들이 거기에서 발견해내는 것들이 작가에게 영향을 주었다는 것이다.

문학의 신화적 기원

4장에서 의논한 것처럼, 신화와 문학과의 관계에 대한 또 다른 형태의 연구는 문학이 신화에서 유래했다는 사실을 밝히려고 한다. 제인 해리슨과 그의 동료 고전학자 길버트 머레이, 그리고 콘포드가 이러한 연구의 선구자였다. 이런 연구의 몇 가지 예를 살펴보자.

영국의 중세학자 제시 웨스턴은 『의례에서 로맨스로From Ritual to Romance』라는 연구에서 프레이저의 두 번째 유형의 '신화-의례주의'를 성배Grail 전설에 적용하였다. 웨스턴은, 프레이저의 관점을 수용하면서, 고대인들과 원시인들에게 있어서 대지의 다산성은 식물신의 거주처인 왕 자신의 다산성에 좌우된다고 주장한다. 그러나 프레이저가 핵심 의례는 병든 왕을 대체하는 것이라고 보았던 것과 달리, 웨스턴은 왕의 **젊음을 되찾는**rejuvenation 것이 성배 탐색Grail quest의 목적이었다고 말한다. 게다가 웨스턴은 그 의례(성배 탐색)에 신비롭고 영적인 차원을 덧붙이는 데서 프레이저와 달라진다. 성배 탐색의 목적은 단지 음식물을 얻는 것이 아니다. 성배 탐색은 신과의 신비적 합일을 목적으로 삼았다. 엘리엇은 웨스턴이 제시한 성배 전설의 영적 차원에 자극을 받아 그의 대표작 『황무지The Waste Land』를 썼다. 웨스턴은, 성배 전설을 원시 신화와 의례로 환원시키지 않으면서, 그 전설이 원시 신화와 의례에 기원을 둔다는 사실을 밝혔다. 전설 자체는 신화가 아니라 문학이다. 프레이저의 두 번째 유형의 '신화-의례주의' 시나리오는 궁극적으로는 집정자인 왕의 건강에 대한 것이므로, 성배 전설의 기원 신화가 되는 것은 아도니스 같은 어떤 신의 삶이 아니라 성배 왕 자신의 삶이다.

미국의 존경받는 연극 비평가 프랜시스 퍼거슨1904-86은 『연극의 이념The Idea of a Theater』에서 프레이저의 두 번째 유형의 '신화-의례주의' 시나리오를 비극 장르 전체에 확대 적용했다. 그는 비극적 영웅의 고통과 구원redemption 이야기는 왕의 살해와 교체에 관한 프레이저의 시나리오에서 도출된다고 주장한다. 예를 들어, 테베의 왕 오이디푸스는 백성을 위해 자기 목숨이 아니라 왕좌를 희생해야 한다. 오직 그의 퇴위만이 재앙을 멈추게 하는 것이다. 그러나 웨스턴과 마찬가지로 퍼거슨 역시 왕의 퇴위를 통해 추구하는 재생은 물리적인 것이 아니라 영적인 것에 더 가깝다고 보았다. 퍼거슨은 오이디푸스가 백성의 삶뿐 아니라 자신의 영적 재생을 추구했다고 이해한 것이다.

퍼거슨은 결과물(드라마)만큼이나 기원(신화와 의례)에 대해 관심을 가졌다는 점에서 다른 신화-의례주의 학자들과 다르다. 그는 해리슨과 머레이가, 프레이저의 이론을 수용하여, 비극의 의미를 국왕 살해의 드라마로 본다는 점에서 그들을 비판했다. 퍼거슨은 비극의 의미를 자기희생의 주제를 통해서 이해하려고 했다. 퍼거슨은, 웨스턴과 마찬가지로, 프레이저의 시나리오가 문학의 배경을 알려준다는 사실은 받아들인다. 그러나 그는 그런 시나리오 자체는 문학이 아니라 신화와 의례라고 생각한다.

캐나다의 유명한 문학비평가 노스럽 프라이[1912-91]는 『비평의 해부*Anatomy of Criticism*』에서 문학의 어느 하나의 장르뿐 아니라 모든 문학 장르가 신화, 특히 영웅신화에서 나왔다고 주장했다. 프라이는 영웅의 인생 주기를 계절의 1년 주기, 태양의 1일 주기, 밤낮의 주기 등 삶의 여러 주기들과 연결시킨다. 이런 식으로 신화와 계절의 순환을 연결시키는 관점은 프레이저에게서 얻어 온 것이다. 프라이가 언급하지는 않았지만, 신화와 태양의 연결은 막스 뮐러에게서 왔을 것이다. 신화와 꿈을 연결하는 아이디어는 칼 융에게서 온 것이다. 계절과 영웅적 행위를 연결하는 관점은 앞으로 독립적으로 논의할 래글런에게서 빌려 왔을 것이다. 노스럽 프라이는 스스로 '탐색─신화[quest-myth]'라고 명명한 자신만의 독자적인 영웅신화의 패턴을 제시하는데, 그것은 영웅의 탄생, 승리, 고립, 패배라는 네 가지 광역 단계로 구성되어 있다.

프라이는 문학의 주요한 장르들은 각각 하나의 계절, 하루의 어떤 시점, 의식의 하나의 단계, 무엇보다 특히 영웅신화의 한 단계와 대응된다고 주장한다. 예를 들어, 로맨스는 봄, 일출, 깨어남, 영웅의 탄생에 대응된다. 그리고 희극은 여름, 한낮, 의식의 깨어남, 영웅의 승리와 병행 관계를 이룬다. 비극은 가을, 일몰, 백일몽, 영웅의 고립에 대응하고, 풍자는 겨울, 밤, 잠, 영웅의 패배에 상응한다. 문학의 장르들은 단순히 영웅신화에 대응하는 것일 뿐 아니라 신화로부터 유래한다. 그리고 신화 자체는 신성한 왕들이 살해되고 교체되는 프레이저의 '신화-의례주의' 유형의 의례에서 유래하는 것이다.

대부분의 문학적 신화-의례주의자들과 마찬가지로, 노스럽 프라이 역시 문학을 신화로 축소시키는 것에는 반대한다. 그는 오히려 문학의 자율성을 대단히 확고하게 지지한다. 프라이는 머레이와 콘포드가 비극(머레이)과 희극(콘포드)의 의미를 프레이저의 국왕 살해 시나리오의 재연이라고 해석한 것에 대해서는 비판하지만, 그것의 신화-의례적 기원을 탐구했던 것을 비판하지는 않았다.

그러나 프라이는, 문학의 기원 문제만이 아니라, 문학의 의미를 추출하기 위해 프레이저와 칼 융을 원용한다. 왜냐하면, 프라이는 그들의 주요 저작들이 단지 인류학이나 심리학 저작이 아니라 그 자체로 문학 비평이라고 보았기 때문이다.

『황금가지』, 그리고 리비도 변환과 상징에 대한 융의 책 『변용의 상징』융 전집, 제5권이 문학 비평에 던지는 매력은 … 그것이 기본적으로 문학 비평적 연구라는 사실에 … 기초해 있기 때문이다. … 『황금가지』는 사실 머나먼 원시적 과거에 사람들이 무엇을 했는지에 대해서만 이야기하는 책이 아니다. 그 책은, 인간이 삶과 죽음과 내세라는 가장 중요한 신비들에 대해 말하고자 할 때, 인간의 상상력이 창조한 것에 대해 말해주는 연구다.

또한, 프라이는 융의 『심리학과 연금술』융 전집, 제12권에 대해서 다음과 같이 말한다.

그 책은 단순히 소멸한 과학(연금술)과 심리학의 비엔나 학파의 한 분파를 그럴듯하게 병치한 것이 아니다. 그 책은 모든 진지한 문학도라면 반드시 읽어야 하고 또 그들을 영원히 매료시킬 문학적 상징주의의 문법서다.

프라이는 문학을 신화 속에 녹여버린 것은 아니다. 하지만, 그럼에도 불구하고, 그는 신화와 문학을 너무 밀접한 것으로 만들어 버렸다. 따라서 그의 문학 비평은 '신화 비평myth criticism'이라는 혼란스러운 이름으로 불리게 되었다. 물론 그 분야를 대표하는 학자는 그 자신이다. 마찬가지로, 그가 그런 유형의 문학 장르를 너무 단순하게 '원형'이라고 명명했기 때문에, 그가 제시한 그런 유형의 문학 비평은 '원형 비평acrhetypal criticism'이라고 불리기도 한다. 심지어 노스럽 프라이는 융 학파의 일원, 나아가 가장 위대한 분석가의 한 사람으로 오해되기도 한다. 오해를 방지하기 위해 덧붙이자면, '원형 비평가archetypal critic'라고 불리는 것이 적절한 융 학파에 속하는 정통적인 문학 비평가들이 따로 존재하는데, 모드 보드킨Maud Bodkin의 『시에서의 원형적 패턴Archetypal Patterns in Poetry』이라는 책은 그 분야의 연구를 대표하는 것이다. 더욱 복잡한 오해를 막기 위해 덧붙이자면, 자신들을 융 학파Jungians라 부르기보다는 '원형 심리학자Archetypal Psychologists'라고 부르기를 좋아하는 후기-융 학파 이론가들도 존재한다. 원형 심리학을 대표하는 이론가인 제임스 힐만James Hillman과 데이비드 밀러David Miller는 신화에 대해서도 풍부한 저작을 남기고 있다.

르네 지라르는 『폭력과 성스러움』 및 다른 여러 저작에서 신화와 문학을 분명하게 구분한다. 퍼거슨과 프라이처럼, 르네 지라르 역시 해리슨과 머레이가 신화와 의례를 비극과 동일한 것으로 만들어 버린 점을 강하게 비판한다. 더구나 르네 지라르는 해리슨과 머레이가 비극을 순화시킨 사실을 더 강하게 비판한다. 해리슨과 머레이에게 있어 신화는 단지 프레이저 식의 의례를 **묘사하는**describes 것이며, 비극은 그것을 단순히 **극화하는**dramatize 것이다. 더욱 나쁜 것은, 그들이 비극을 실제 사건의 단순한 주제화에 불과하다고 보았다는 것이다. 르네 지라르는 신화가 의례를 **감추고**, 소포클레스의 오이디푸스처럼, 비극은 의례를 **드러낸다**고 본다. 그 경우, 신화의 기능은 문학 및 비극의 기능과 반

신화와 문학

대된다. 그러나 르네 지라르의 비평은 왕이 예외없이 살해를 당한다고 하는 프레이저의 두 번째 유형의 '신화-의례주의' 시나리오를 따르고 있다. 하지만 해리슨과 머레이는 왕이 죽은 식물신의 배역을 맡는다고 하는 프레이저의 첫 번째 유형의 '신화-의례주의' 시나리오를 사용한다. 그 첫 번째 유형의 시나리오에 따르면, 아도니스의 지옥 여행에서 볼 수 있는 것처럼, 신은 죽지만 왕은 죽지 않을 수 있고, 나아가 신은 죽지만 왕은 살해당하지 않을 수 있다. 그렇기 때문에, 해리슨과 머레이, 부분적으로 프레이저 세 사람은 비극의 기저에 있는 인간 살해를 놓치고 있다고 주장하는 지라르의 비판은 그들에게 반드시 타당한 것은 아니다.

플롯으로서의 신화

문학으로서 신화를 연구하는 또 다른 입장은 플롯, 즉 패턴을 강조한다. 타일러나 프레이저는 신화를 플롯 이외의 다른 어떤 것이라고 생각한 적은 없었다. 공식적으로 플롯은 다른 용어인 텍스트text, 이야기story, 그리고 서사narrative와 구별되는 것이라고 생각되었다. 물론 비공식적으로는 그들 용어가 같은 것이라고 여겨지기도 한다. 그리고 텍스트는, 노아의 홍수신화에서 텍스트는 「창세기」 6-9장인 것처럼, 단순히 '기록물script'을 의미한다.

이야기story는 제시된 사건event을 의미하지만 반드시 연대기적 순서를 따르지는 않는다. 배경 사건이나 여담이 포함될 수도 있다. 노아의 홍수신화의 경우, 네필림Nephilim의 출현과 인간의 일반적인 사악함, 세계 자체의 타락, 그리고 하느님과 인간 사이의 계약의 위반이 그 이야기 안에 포함된다. 홍수가 물러간 후에, 노아가 술에 취하는 사건과 아들에게 알몸을 보이는 사건, 그리고 그 아들의 후손에 대한 징벌이 이야기된다.

플롯plot은 대개 이야기에서 추출되는 것이며, 사건의 인과적 사슬에 해당한다. 노아의 홍수신화를 예로 들면, 세상을 파괴하겠다고 결심하는 신의 결정, 홍수를 피하기 위해 방주를 만들라고 노아에게 일러주는 것, 그리고 세상에 사람들을 다시 번성하게 만들라고 알려주는 것 등이 플롯이다.

서사narrative는 어떤 순서로 어떤 관점에서 이야기를 전개할 것인지 사건들을 선택하는 것이다. 이야기꾼이 전면에 드러날 수도 있지만, 그렇지 않을 수도 있다. 노아의 홍수신화에서는 신 자신이 드러나지 않은 이야기꾼이다. 왜냐하면 성경에서 신은 모세에게 나타난 이후에는 말로만 계시를 내리는 존재이기 때문이다. 그것과 대조적으로, 호머와 헤시오도스는 드러난 이야기꾼이다. 그들은 뮤즈들로부터 이야기하는 문학적 능력을 얻지만, 그들 자신이 바로 이야기꾼이기 때문이다. 특히 헤시오도스는 스스로를 험난한 환경과 고집불통의 형제와 싸워 이겨야 하는 가난한 농부로 간주한다.

그렇다고 해서, 타일러와 프레이저가 신화를 플롯 이상의 것이라고 하는 사실을 부정한다고 말할 수는 없을 것이다. 타일러와 프레이저는 단지 플롯의 형태를 띠면서 이야기되는 사건에 대한 인과적 설명을 신화라고 본다는 것은 사실이다. 그들은 과학과 신화를 대립적인 것으로 보면서 문학적 형태를 무시하고 인과적 설명만을 강조하는 태도를 가진 것 역시 사실이다. 타일러와 프레이저가 흥미를 가졌던 것은 정보 그 자체였지 정보를 전달하는 방식이 아니었다. 그들은 과학적 법칙을 분석하는 태도로 신화를 분석한다. 따라서 그들은 성격 묘사, 시간, 목소리, 관점, 그리고 독자의 반응과 같은 일반적인 문학적 고려 사항들을 거의 염두에 두지 않는다. (현대 과학이 모델과 은유를 어떤 식으로 활용하는지에 대한 인식은 타일러와 프레이저 이후에 등장했다.)

타일러와 프레이저는 신화가 반복적인recurrent 사건을 설명하는 것이라고 보았기 때문에, 신화를 하나의 법칙으로 해석할 수도 있었을 것이다. 예를 들어, 비가 내리는 이유는 비의 신이 비를 보내기로 결정했기 때문이다. 그것은 하나의 법칙으로서 항상 동일하다. 해가 뜨는 이유는 태양신이 태양 마차를 타고 하늘을 가로질러 달리기 때문이다. 그리고 그것은 항상 동일한 이유로 설명된다. 동시에 프레이저는 때때로 신이 자연현상의 상징이라고 해석하기도 한다. 그렇다면 그런 경우에 신화는 단순히 묘사적인 것이며 원인의 설명이 아니게 된다. 그 경우, 신화는 비가 내리거나 해가 뜨는 이유에 대해 말하지 않는다. 신화는 그저 비가 (정기적으로 또는 비정기적으로) 내린다고 말하거나, 해가 (규칙적으로) 뜬다는 사실만을 말해 줄 뿐이다.

그러나 그와 달리 타일러는 신화를 항상 문자 그대로 읽는다. 따라서 타일러는 신화를 상징으로 이해하게 되면 그 순간 신화는 문학으로 전환되며, 그런 태도는 자연현상을 단순히 시적인 묘사로 바꾸는 것이며, 따라서 신화를 시시한 것으로 만드는 결과를 초래한다고 주장한다. 프라이를 비롯한 다른 사람들은 문학이 신화로 환원될 수 없다고 주장했지만, 타일러는 신화가 문학으로 환원될 수 없다고 주장한다. 포스트모더니즘의 논의가 발달하면서, 과학과 법률을 포함한 모든 영역의 논의가 문학이라고 재규정되고 있는 상황에서 타일러가 신화의 문학적 측면에 무관심하다는 사실은 주목할 가치가 있다.

미국의 문학비평가 케네스 버크Kenneth Burke, 1897-1993의 입장을 고려할 때, 문학과 신화를 분리시킨 타일러의 입장은 충분히 주목할 만하다. 버크는 『종교의 수사학』에서 신화는 형이상학이 문학으로 변형된 것이라고 주장한다. 신화는 문자적으로 표현될 수 없는 것을, 상징적으로 표현한다. 이것이 바로 형이상학적 우선성metaphysical priority이다. 버크의 유명한 표현을 빌리자면, 신화는 '본질의 절충temporizing of essence'이다. 예를 들어, 「창세기」의 첫 번째 창조신화는 실제 세상에 존재하는 사물을 여섯 개 범주로 '분류classification'하고 그것을 6일이라는 형식 안에 집어넣은 것이다.

> 따라서, '이렇게 함으로써, 우리의 대상에 대한 최초의 광범위한 분리 또는 분류가 완성된다.'고 말하는 대신에, '저녁과 다음날 아침이 첫 날이었다.'라고 말하는 것이다.

버크에게 신화는 궁극적으로 시간을 초월하는 진리를 표현한 것이다. 그러나 신화는 여전히 문학적 형태를 가진다. 따라서 비록 의미와 형태가 구별될 필요가 있다 해도, 신화를 신화이게 만드는 요소는 이야기인 것이다. 여기서 버크는 레비스트로스와 비슷한데, 버크가 '본질'이라고 부른 것을 레비스트로스는 '구조'라고 부른다는 점이 다르다고 말할 수 있을 것이다. 신화에 대한 레비스트로스의 입장은 7장에서 살펴본다.

신화가 이야기라는 사실을 중요하게 여기지 않는 타일러에 대한 강력한 반대 입장은 20세기 독일 철학자 한스 블루멘베르크Hans Blumenberg, 1920-96에 의해 제기된다. 그는 신화가 이야기라는 사실을 특히 강조하였다. 타일러가 신화는 이야기의 형태를 가진 '설명'이라는 사실을 강조한 반면, 블루멘베르크는 신화란 하나의 '이야기'이며 따라서 '설명'이 아니라고 강조한다. 블루멘베르크에 따르면, 신화는 이야기 자체를 전달할 뿐 이유에 대한 설명을 제공하지 않는다고 한다. "신화에 대한 (잘못된) 원인론적 설명에 있어서, … 신화가 이성의 원초적 성취라고 하는 인식은 그것이 '이야기하기(스토리텔링)'를 통해 여러 질문들에 대해 던진 함축적인 거부가 아니라, 오히려 여러 질문들에 대한 최초의 특별한 대답으로 주어진 것이라는 사실에 의해 정당화되어야 한다.

블루멘베르크에 따르면, 하나의 신화 안에서는 그 어떤 것이든 다른 것으로부터 파생될 수 있으며, 그 경우 정확한 기원이나 그 기원의 설명에 대해서는 조금 부족해 보이는 정도의 관심만을 가지고 있어야 한다. "어떤 것이든 다른 것으로부터 파생될 수 있을 때에는, 사실은 어떤 설명도 가능하지 않고, 설명에 대한 요구도 할 수 없다. 단지 이야기만이 있을 뿐이다." 블루멘베르크에게 신화란 하나의 '연대기chronology'라기보다는 단순한 순서적 '배열sequence'이다. 다시 말해, 신화는 인과성을 이야기하는 '배열'일 뿐이다.

블루멘베르크에게는 반대하지만 타일러에게 동의하는 사람이라면, 이야기는 단순히 설명의 형식일 뿐이라고 말할 수 있을

신화와 문학

것이다. 플라톤 및 플로티누스 등 신화는 형식에 있어서 하나의 이야기라고 보는 고대 비평가들은 호머나 헤시오도스의 작품에서 신화의 기능은 설명이라는 사실을 당연시한다. 블루멘베르크에 대한 또 다른 반대 입장은 신화는 여전히 '설명'이라고 주장한다. 그런 입장을 취하는 사람들은 신화에서는 그 어떤 것이든 다른 것으로부터 파생되어 나온 것일 수 있고 그래서 거의 모든 일이 일어날 수 있다고 생각할 수 있지만, 그럼에도 불구하고, 신화는 여전히 어떤 방식으로 무엇인가가 다른 무언가로부터 파생되었는지, 그리고 어떻게 그런 일이 일어났는지를 설명하는 것이라고 본다. 나아가, 타일러를 추종하는 사람들은 일반적으로 추측하는 것보다 훨씬 더 많은 규칙성이 신화 안에는 존재한다고 주장한다. 규칙성의 존재를 가장 명확하게 보여주는 것이 바로 이야기 안에 들어있는 패턴이다.

신화의 패턴

대부분의 영웅신화에는 공통적인 플롯, 즉 패턴이 존재한다. 창조신화, 홍수신화, 낙원신화, 미래신화와 같은 여러 다양한 범주의 신화들은 서로 너무 달라서 모든 신화들에 적용되는 가장 느슨한 의미의 공통점만 있는 것으로 드러났다. 타일러에 따르면, 신화는 어느 신이 어떻게 어떤 자연현상을 일으키기로 결정하는

지는 말하지만, 그 신이 어떤 존재인지, 또는 그 신이 어떻게 행동하는지는 설명하지 않는다. 프레이저는 식물신에 집중하면서 단지 그 신들이 죽고 재탄생한다는 점만을 이야기하고, 그런 일이 어떻게 일어나는지는 설명하지 않는다.

그러나 신화가 설명이라고 보는 타일러는 신에 관한 신화에서 영웅신화로 눈길을 돌리면서, 많은 영웅신화에서 주인공은 탄생과 함께 출현하며, 다른 인간이나 동물에 의해 구출되고, 국가적 영웅으로 성장한다고 주장했다. 타일러는 영웅신화 안에서 하나의 공통적인 패턴을 찾으려고 했지만, 신화의 기원, 기능, 주제 문제에 대한 자기 이론을 영웅신화에 적용하지는 않았다. 그럼에도 불구하고, 그는 영웅신화의 기원, 기능, 주제 문제가 무엇이든, 모든 영웅신화는 플롯 안에서 유사성이 발견된다는 점에서 동일하다는 주장을 하기 위해 패턴의 동일성에 호소한다.

다양한 종교들에 존재하는 여러 비슷한 형태의 신화들을 대체적으로 그룹지어 배열해보면, 정신적 법칙의 분명한 규칙성regularity을 가지고 반복되는 상상 과정의 작동을 신화 안에서 추적할 수 있다.

프라이가 신화를 구속되지 않는 상상력에서 기인한 것이라고 보았다면, 타일러는 신화가 엄격한 인식적 억압으로부터 나오는 상상력에 뿌리를 두고 있다고 보았다. 그리고 그들의 입장은 신화 안에서는 모든 것이 일어날 수 있다고 말하는 블루멘베르크와 반대된다. 타일러의 주장은 오늘날의 인지심리학의 전조라고 말할 수 있을 것이다.

1876년 오스트리아의 학자 요한 게오르그 폰 한Johann Georg von Hahn은 14개의 신화적 사례를 사용하여, 모든 '아리아인Aryan'의 영웅설화들이 '출현과 귀환exposure and return'이라는 형식을 따른다고 주장했다. 영웅은 불법적으로 탄생하며, 그가 미래에 위대해질 것이라는 예언을 두려워한 아버지에 의해 버려지고, 동물에 의해 구출되어 하층민 부부에 의해 양육되며, 전쟁에 나가 싸우고, 승리자가 되어 귀환하며, 박해자들을 물리치고, 자기 어머니를 자유롭게 하고, 왕이 되어, 도시를 건설하고, 젊은 나이에 죽는다. 폰 한은 태양 신화학자이지만, 타일러와 마찬가지로 영웅신화의 패턴을 확립하고자 노력했다. 만일 그가 설화에 대해 이론화 과정을 진척시켰다고 말할 수 있다면, 그의 이론은 플롯의 공통성을 탐구하는 데 머물렀던 것이라고 볼 수 있을 것이다.

이와 비슷하게, 러시아 민속학자 블라디미르 프로프Vladimir Propp는 1928년에 러시아의 민담들이 하나의 공통된 플롯을 따른다는 사실을 보여주려고 했다. 영웅은 성공적인 모험을 감행하고 돌아오자마자 결혼하고 왕이 된다. 프로프의 패턴은 영웅의

신화란 무엇인가

탄생과 죽음은 피해간다. 한편으로는 맑스주의자였던 프로프는, 그의 초기 형식주의 단계에서, 영웅신화에 하나의 패턴을 확립하려 했던 타일러와 폰 한이 했던 것 이상의 노력을 기울이지는 않았다. 그러나 역시 그가 어떤 이론적 단서에 의존하려 했다면 그것은 플롯의 공통성이었을 것이다.

영웅신화의 윤곽을 그리면서 패턴의 동일성을 이론화하려 했던 학자들 중에는 비엔나의 심리분석가 오토 랑크Otto Rank, 1884-1939, 미국의 신화학자 조셉 캠벨Joseph Campbell, 1904-87, 영국의 민속학자 래글런Lord Raglan, 1885-1964 등이 매우 중요하다. 랑크는 나중에 프로이트와 완전히 결별했지만, 그가 『영웅의 탄생신화The Myth of the Birth of the Hero』를 저술했던 당시에는 프로이트의 영향권 안에 있었다. 캠벨은 칼 융의 날개를 온전히 단 적은 없었지만 융의 입장에서 『천의 얼굴을 가진 영웅』을 썼다. 래글런은 프레이저의 영향 아래서 『영웅The Hero』을 썼다. 랑크와 캠벨의 작업은 신화와 심리학을 다룬 6장에서 상세히 다루게 될 것이다. 여기서는 플롯의 중심성을 보여준 예로서 래글런의 경우를 살펴보기로 하자.

래글런 경

래글런은 프레이저의 두 번째 유형의 '신화-의례주의' 시나리오를 영웅신화에 적용한다. 프레이저가 왕을 식물신과 동일시한다면, 래글런은 왕을 영웅과 동일시한다. 프레이저는 공동체를 위해 스스로를 희생하는 왕의 의지가 영웅적이지만, 래글런은 왕에게 곧장 영웅이라는 이름표를 붙인다. 프레이저는 신을 다룬 신화에서 신은 죽고 다시 태어난다는 간단한 패턴을 제시한다. 그러나 래글런은 더 나아가 22단계로 된 상세한 영웅신화의 패턴을 만들어 내고, 그 패턴을 스물 한 개의 신화에 적용한다(박스 1). 그러나 그는 여기에서 더 나아가, 신화를 의례와 연결시킨다. 프레이저의 두 번째 유형의 시나리오에 따르면, 의례는 신의 죽음과 재탄생에 대한 신화를 공연한 것이 아니라 단지 신의 영혼soul을 어느 왕에서 다른 왕으로 옮기는 것이라는 사실을 기억하면 좋을 것이다. 여기에는 신화가 전혀 없다. 래글런은 왕권의 획득이 아니라 왕권의 상실을 영웅신화의 중심으로 만들면서, 영웅신화를 프레이저 식의 국왕 제거 의례와 결부시킨다. 자기의 왕권을 잃어버리고 나중에는 생명까지 잃어버리는 신화 속의 왕은 왕권과 생명을 동시에 잃어버리는 의례 속의 왕에 비견될 수 있다. 래글런이 의례에 접목시킨 신화는 신에 관한 신화가 아니라, 사심 없는 헌신으로 말미암아 실제 왕들의 본보기가 되기에 마땅한 영웅에 관한 신화다. 그렇다면, 신화는 프레이저의 첫 번째 유형의 신화–의례주의 시나리오에서처럼 의례를 위한 **영감**을 주는 것이라기보다는 의례를 재연하기 위한 **대본**에 불과한 것이

된 것이다.

래글런의 패턴은 타일러, 프로프, 랑크, 캠벨의 패턴과 다르다. 그는 폰 한의 패턴처럼 영웅의 삶 전체를 다루기 때문이다.

래글런은 신화의 영웅과 의례의 신이 같다고 생각한다. 첫째, 왕은 영웅을 신에게 연결시킨다. 즉 영웅은 왕이고 왕은 신이다. 둘째, 영웅의 삶에서 일어나는 많은 사건들은 초인적이며, 특히 5번과 11번이 그렇다. 영웅은 반드시 죽어야 하지만, 그의 죽음은 식물의 부활이라는 신-같은god-like 위업을 달성한다. 셋째, 신화와 의례 모두에서 왕을 제거하는 것은 공동체의 생존을 보증하며, 그렇게 되지 않으면 공동체는 굶주릴 것이다. 신화와 의례 모두에서 왕은 구세주다.

물론, 아도니스가 프레이저의 첫 번째 '신화-의례주의' 시나리오에서 중심적인 사례로 사용되고 있지만, 래글런은 그의 패턴에 아도니스가 들어맞을 것이라고는 결코 기대하지 않을 것이다. 그가 제시하는 패턴의 1번에서 4번까지는 상당히 들어맞는 것처럼 보이지만, 다른 것들은 전혀 맞지 않는다. 예를 들면, 아도니스의 어머니에 대한 살해 시도가 있지만, 적어도 시초에는 아도니스에 대한 살해 시도가 없다(6번). 어쩌면 아도니스가 외지에서 두 여신 양모foster parents, 즉 아프로디테와 페르세포네의 양육을 받았다고 말할 수 있으나(8번), 그것은 그가 유괴당했기 때문이 아니다(7번). 가장 중요한 점은, 아도니스는 결코 왕이 되지 못하며 그래서 잃을 왕권도 없다는 것이다. 그는 분명 생명을 잃지만, 집권 중 또는 심지어 사회에서 살아가는 중에 잃어버린 것이 아니다. 래글런이 선택한 예들에 가장 잘 들어맞는 것은 영웅 오이디푸스다. 성서에 나오는 영웅으로서 그의 패턴에 거의 들어맞는 경우는 사울 왕이다. 프레이저와 달리, 래글런은 예수의 경우를 언급하기를 꺼렸다. 왕권 포기가 자기 인생의 중심 사건이 되었던 잉글랜드의 에드워드 8세가 그 현대적인 사례가 될 수 있을 것이다.

이 장에서 중요한 것은 래글런 이론에 있어서 플롯의 중심성이다. 래글런은 플롯의 공통성에 의존하여 자신의 주장을 편다. 영웅신화의 의미는 공통된 플롯에 있고, 공통된 플롯의 핵심은 왕권의 상실이며, 오직 국왕 살해 의례를 동반할 때에만 국왕 전복에 대한 신화에 있어서 공통된 초점이 이해된다는 것이다. 래글런의 '신화-의례주의'는 단지 플롯이 의례를 위한 시나리오를 만든다는 것이 아니라, 플롯에서 의례가 나왔다고 주장한다.

박스 1: 래글런이 『영웅』에서 제시한 영웅신화의 공통 패턴

1. 영웅의 어머니는 왕가의 처녀다.

2. 그의 아버지는 왕이며, 그리고

3. 종종 외가의 친족이다. 그러나

4. 그의 임신과 관련된 상황은 평범하지 않다. 그리고

5. 그는 신의 아들로 간주된다.

6. 태어나자마자, 대개는 아버지나 외할아버지에 의해 살해기도가

   이루어진다, 그러나

7. 그는 유괴되고,

8. 먼 나라에서 양부모에 의해 양육된다.

9. 그의 어린 시절에 대해서는 아무것도 전해지지 않지만,

10. 성인이 되자마자 그는 귀환하거나 자기의 미래 왕국으로 간다.

11. 왕 그리고/또는 거인, 용, 즉 야수와의 싸움에서 승리한 후,

12. 그는 공주와 결혼하는데, 공주는 대개 그의 선왕predecessor의 딸이다, 그리고

13. 왕이 된다.

14. 한동안 아무 탈 없이 통치한다, 그리고

15. 법률을 제정한다, 그러나

16. 이후 그는 신들 그리고/또는 백성들의 지지를 잃는다, 그리고

17. 권좌와 도시에서 쫓겨난다, 그 후

18. 그는 신비스러운 죽음을 맞는다,

신화와 문학

19. 대개는 산꼭대기에서.

20. 자녀가 있어도, 그를 승계하지 못한다.

21. 그의 육신은 묻히지 않지만, 그럼에도 불구하고

22. 그에게는 하나 이상의 성스러운 무덤이 있다.

신화와 심리학

신화 연구에 기여한 학문 분야마다 세부적으로는 다양한 이론들이 존재한다. 그러나 심리학 분야 안에서는 두 개의 이론이 거의 독점하고 있다. 비엔나 출신의 의사 지그문트 프로이트Sigmund Freud, 1856-1983와 스위스 출신의 의사 칼 구스타프 융Carl Gustav Jung, 1875-1961의 이론이 그것이다.

지그문트 프로이트

프로이트는 그의 모든 작품들을 통해 신화를 분석하지만, 그가 신화 중의 핵심이라고 본 오이디푸스 신화에 대한 논의는 『꿈의 해석』에서 자세하게 다루어진다. 프로이트는 신화와 꿈을 병렬적으로 비교한다. 그 점에서 칼 융도 마찬가지다.

신화와 심리학

『오이디푸스 왕』이라는 작품이 당시 그리스 청중에게 감동을 주는 만큼이나 현대의 청중에게도 감동을 준다면, 그것은 그 작품이 인간의 운명과 인간의 (자유) 의지 사이의 대립을 다루고 있기 때문이 아니라 그 둘의 대립이 예로 삼고 있는 소재의 특정한 본질이 작품 안에서 탐구되고 있기 때문이라고밖에 말할 수 없다. 『오이디푸스 왕』 안에는 우리 내면의 목소리로 하여금 강력한 운명의 힘을 알아차리도록 준비시키는 어떤 것이 잠재되어 있음이 분명하다. … 그 (오이디푸스)의 운명이 우리를 감동시키는 것은 단지 그것이 어쩌면 우리의 운명이었을 수도 있었기 때문이다. 왜냐하면, 그에게 내려졌던 것과 똑같은 저주가 우리의 출생 전에 … 우리가 꾸는 꿈들이 우리로 하여금 그것이 사실이라는 사실을 확신하게 해 준다. 친 아버지 라이오스 왕을 살해하고 친 어머니 이오카스테와 결혼한 오이디푸스 왕은 우리 자신의 유년기적 소망의 충족을 보여주고 있는 것이다. 그러나 우리는 다행히도 오이디푸스 자신보다는 운이 좋은 편이다. 지금까지는 정신신경증에도 걸리지 않았고, 친엄마에 대한 성적 충동에서도 벗어나 있으며, 친 아버지에 대한 질투심도 가지고 있지 않기 때문이다.

표면적 단계에서, 즉 의식에 나타난 단계에서, 오이디푸스의 이야기는 자신에게 지워진 운명을 피하려고 애쓰지만 결국 운명을 피하는 데 실패한 인물을 묘사하고 있다. 그러나 무의식적으로 오이디푸스는 그가 의식적으로는 결코 하고 싶지 않은 일을 간절히 원하고 있다. 그는 자신의 '오이디푸스 콤플렉스'를 행동으로 보여주고자 한다. 이 신화의 표면적, 즉 문자적 차원은 잠재된 상징적 의미를 감추고 있다. 표면적 차원에서 오이디푸스는 결백한 운명의 희생자victim of Fate다. 내재적 차원에서는 그는 죄인이다. 정확하게 말하자면, 오이디푸스 신화는 자신의 피할 수 없는 운명으로부터 빠져나오지 못한 오이디푸스의 실패 이야기가 아니라, 자신의 가장 깊은 욕망을 실제로는 성취해내는 그의 성공 이야기이다.

그러나 그 신화의 내재적 의미는 여기서 멈추지 않는다. 왜냐하면 그 신화는 궁극적으로는 오이디푸스 개인에게게만 국한되는 이야기가 아니기 때문이다. 오이디푸스가 희생자로 그려지는 표면적인 차원은 더 깊은 내재적 차원을 숨겨주는 역할을 한다. 그 숨겨진 내재적 차원에서 오이디푸스는 가해자로 보이지만, 그 차원은 다시 한층 더 깊은 차원을 은폐하고 그 더 깊은 차원에서 진짜 가해자는 신화 창조자와 그 신화에 사로잡힌 독자들이 된다. 이렇게 해석할 때, 이 신화는 남성인 신화 창조자나 독자가 자신의 정신 안에서 일어나는 오이디푸스 콤플렉스의 성취라는 문제를 다루고 있다. 그들은 오이디푸스와 자신을 동일시하고 그런 동일시를 통해 자신의 오이디푸스 콤플렉스를 성취한다. 따라서 그 신화는 한 인물의 일대기가 아니라 모든 사람의 자서전인 셈이다.

오이디푸스 콤플렉스는 누구에게 존재하는가? 그것은 어느 정도는 모든 성인 남성 안에 자리 잡고 있으며, 어느 누구도 유년기에 비로소 모습을 드러내는 그런 오이디푸스적 욕망들로부터 완전히 자유롭지 않다. 그러나 오이디푸스 콤플렉스는 무엇보다 오이디푸스적 단계에 빠져있는 사람, 즉 정신적으로 그런 상황에 고착되어 있는 성인 남성 신경증 환자들에게서 두드러지게 표현된다. 여러 가지 이유에서, 그들은 자신의 욕망을 직접적으로 충족시키지 못한다. 부모가 살아있지 않을 경우, 혹은 살아 있다 해도 더 이상 위협적이거나 매혹적인 존재가 아닐 경우도 있다. 더구나, 자식의 어리광을 잘 받아주는 부모라면 더욱 그런 사실에 쉽게 동의하지는 않을 것이다. [부모 자식 관계가 오이디푸스적 관계라는 사실을 인정하지 않는다.] 자식의 그런 [무의식적 욕망 충족의] 행동이 성공했기 때문에 그 자식이 붙잡혀서 처벌받는 것을 원하는 사람이 있겠는가? 자기가 미워하는 만큼 사랑하는 아버지를 죽인 것, 저항하는 어머니를 폭행한 것에 대한 죄책감은 상상하기 어려울 정도로 클 것이다. 그러나 그 콤플렉스를 실행으로 옮기는 데 있어서 가장 장애물은 더 근본적인 것이다. 사람들은 그런 콤플렉스가 존재한다는 사실을 모른다. 그것은 억압되어 온 것이기 때문이다.

이런 상황에서 신화는 이상적인 형태의 충족을 제공한다. 신화의 표면적 충들이 그것의 진정한 의미를 숨기고 따라서 그것이 충족되는 것을 막는다. 그러나 그 충들은 동시에 그 진짜 의미를 드러내고 따라서 충족을 제공하게 된다. 결국, 문자적 의미에서 오이디푸스는 자기 아버지를 죽이고 어머니와 성관계를 갖는다. 그는 단순히 아무런 의도 없이 그렇게 한다. 만일 다음 단계에서 그것을 의도적으로 행한 주체가 신화 창조자나 독자가 아니라 오이디푸스 자신이라면, 그 행위는 여전히 의도적인 것이라고 말할 수 있다. 그 상위의 차원은 따라서 그 아래 차원에 숨겨진 의미를 부분적으로는 감추고, 동시에 부분적으로는 드러낸다. 진짜 의미는 언제나 아래 차원에 숨어 있지만 언제나 그 상위의 차원에 의해 겉으로 전달된다. 신경증을 앓고 있는 성인 남자들은, 자신을 오이디푸스와 동일화시킴으로써, 그리고 스스로 자신의 욕망을 의식하지 못하는 채로, 자신들의 오이디푸스적 욕망을 부분적으로 충족시킨다. 신화는 이처럼 자신의 욕망을 단적으로 충족시키고자 하는 하나의 측면과 그런 욕망이 존재한다는 사실조차 알고 싶어 하지 않는 다른 측면 사이의 타협에 의해 만들어진다. 프로이트는 신화가 그것의 의미를 **통해서** 기능한다고 생각한다. 다시 말해, 상징적인 이야기를 통해서 신화는 오이디푸스적 욕망들을 발산시킨다는 것이다.

과학이 타일러와 프레이저에게 그러했던 것처럼, 꿈은 모든 면에서 신화와 대응된다. 그리고 과학이 타일러와 프레이저에게 그랬듯이, 꿈은 프로이트와 융에게 신화를 분석하는 모델을 제공한다.

물론, 신화와 꿈 사이에는 차이점들이 있다. 꿈이 개인적이라면 신화는 공공적이다. 프로이트에게 신화는 신경증 환자들에게 한정되는 것이지만 꿈은 보편적이다. 그러나 프로이트와 칼 융 두 사람에게는 그 둘[꿈과 신화]의 유사성이 훨씬 더 중요하다.

오토 랑크

고전적인 프로이트적 분석을 신화 해석에 응용한 대표적인 작품으로 칼 아브라함Karl Abraham, 1877-1925의 『꿈과 신화Dreams and Myths』와 오토 랑크Otto Rank, 1884-1939의 『영웅의 탄생 신화The Myth of the Birth of the Hero』를 꼽을 수 있다. 아브라함과 랑크 두 사람은 신화와 꿈을 비교하면서 프로이트를 따르고 있다. 아브라함의 책 제목 자체가 그 사실을 말해준다. 또한, 아브라함은 신화와 꿈이 성인 신화 창조자나 독자들에게 숨어있는 억압된 오이디푸스적 욕망의 위장된, 동시에 상징적인 충족이라고 본다는 점에서도 프로이트

신화란 무엇인가

를 계승한다. 그러나 랑크는 신화에 더 많은 관심을 가지고 많은 신화를 관찰하고 분석했다. 그 결과 그는 대부분의 신화가 영웅 신화라고 부를 수 있는 범주, 특히 남성 영웅신화라는 하나의 범주를 구성한다고 말할 수 있는 공통의 패턴, 즉 플롯을 가지고 있다는 사실을 발견했다. 프로이트 학파의 이론가들은 단지 영웅 신화만이 아니라 모든 종류의 신화를 분석한다. 하지만 그들은 종류가 다른 신화를 영웅신화라고 보기도 한다. 랑크 자신은 출생과 생존 자체를 영웅적인 위업으로 전환시킨다. 심지어 창조 신화조차 여성뿐 아니라 남성이 세계에 생명을 부여하는 위업의 성취로 바라본다.

프로이트를 따르면서, 오토 랑크는 영웅이 소위 칼 융 학파가 말하는 '인생의 전반부' 문제에 관련된 것이라고 본다. 출생, 유년기, 사춘기, 청년기로 이어지는 인생의 전반부란 한 개인이 자신을 외부 세계 안에서 독립된 개인으로 정립하는 과정이다. 구체적으로 말해서, 독립의 획득은 직업과 배우자를 확보하는 것으로 표현된다. 그 둘을 확보하는 것은 결국 부모로부터의 분리와 본능의 통제 능력을 획득하는 것을 의미한다. 이 경우, 부모로부터의 분리는 부모를 거부하는 것이 아니라 자기 충족적 존재가 되는 것을 의미한다. 마찬가지로, 본능의 통제는 본능의 부정이 아니라 그것을 조절하는 능력을 의미한다. 프로이트가 '일과 사랑_{work and love}'이 행복의 척도라고 말했을 때, 그는 분명히 인생 전반기의 목표들을 언급한 것이며 그것이 인생 전체를 지탱해준다고 보았던 것이다. 프로이트 심리학의 과제는 부모 혹은 본능에 대한 연기된 애착lingering attachment 문제와 관련이 되어 있다. 본능의 만족을 위해 부모에게 의존하거나, 반사회적인 방식으로 본능을 만족시키려는 것은 심리 발달의 유아적 단계에 머물러 있다는, 즉 거기에 고착되어 있다는 표지인 것이다.

랑크의 패턴(박스 2), 즉 그가 서른 개가 넘는 영웅신화들을 분석하고 적용했던 패턴은 모두 인생의 전반부에 해당되는 것이다. 그 패턴은 5장에서 언급했던 폰 한이 제시한 패턴과 대체로 유사한데, 랑크 본인은 그 사실을 알지 못했던 것 같다. 어쨌든 랑크의 패턴은 영웅의 출생에서 '직업career'의 획득을 포함한다.

박스 2: 〈영웅의 탄생신화〉에 보이는 오토 랑크의 영웅신화 패턴

표준적인 영웅신화는 다음과 같은 개요에 따라 구성되고 있다. 영웅은 대단히 탁월한 부모의 아이로 태어난다. 대개는 왕의 아들이다. 그의 탄생은 오랜 기간의 절제, 불임, 혹은 외적인 방해나 장애물 때문에 저지된 보모의 비밀 사랑 등, 많은 고난의 결과물이다. 임신하기 전에 혹은 임신해 있는 동안에, 아기의 출산을 경고하는 예언이 꿈이나 신탁의 형태로 주어진다. 예언의

신화란 무엇인가

내용은 대개 아기가 자기 아버지 혹은 자기를 대표하는 사람을 생명을 위협한다는 것이다. 거의 하나의 규칙처럼, 아기는 상자 속에 넣어져 물에 버려진다. 그리고 아기는 동물이나 신분이 낮은 여성에 의해 구조되고, 암컷 동물이나 미천한 여인의 젖을 먹고 자란다. 성장한 다음 그는 아주 다양한 방법으로 자신의 탁월한 부모를 찾아낸다. 그리고 그는 아버지의 복수를 하거나, 아버지로부터 인정을 받는다. 마지막으로, 그는 자신의 본래 지위를 회복하고 명예를 얻는다.

영웅은, 문자 그대로 또는 의식적으로, 오이디푸스처럼 역사적이거나 전설적인 인물이다. 그가 영웅적인 이유는 미천한 존재에서 출발하여 마침내 왕좌에 오른다는 전형적인 모습 때문이다. 그는 자신의 부모에 의한, 혹은 운명의 장난에 의한 무고한 희생자다. 그의 부모는 열망하던 아이를 얻었으나, 결국은 아버지의 이기적 욕망을 위해 아이를 희생자로 만든다. 영웅의 복수, 그것이 부친 살해임을 안다고 하더라도, 그 복수는 이해할 수 있는 일이 된다. 그 누구인들 자기를 죽이려 하는 자를 죽이려고 하지 않을 수 있을 것인가?

한편 영웅이, 상징적으로 혹은 무의식적으로, 영웅적인 이유는 그가 감히 왕좌를 차지해서가 아니라 감히 부친을 살해하기 때문이다. 그 살해는 명백히 의도적이고 원인은 복수가 아니라 성적인 좌절감이다. 아버지는 아들의 분투의 실제 대상이었던 아내를 포기하기를 거부했던 것이다.

대개, 아버지에 대한 아들의 미움 혹은 두 형제들 상호간의 미움의 가장 깊고 일반적인 무의식적 뿌리는, 어머니의 부드러운 헌신과 사랑에 대한 경쟁 때문이라고 생각된다.

마주 대하기가 무서울 정도이지만, 영웅신화의 참된 의미는 아들이 아니라 아버지를 범죄자로 만드는 날조된 이야기에 의해서 은폐된다. 그 패턴은 단순히

아이가 아버지에 대해 갖는 적대적 감정에 대한 변명이며, 그 적대감은 이런 허구적인 이야기 안에서 아버지를 향해 투사된다.

영웅이 구하려고 한 것은 근친상간이 아니라 권력이라고 왜곡된다. 무엇보다, 신화의 창조자나 그 신화에 자극된 독자가 아니라 제 삼자가 마침내 영웅이 된다. 영웅과 자신을 동일화시키면서, 신화 창조자나 독자는 실제로 자기 자신의 모습인 영웅의 승리를 한껏 즐긴다. 그가 신화의 진짜 영웅인 것이다.

문자적으로 볼 때, 신화는 영웅이 왕권을 획득하는 시점에서

신화란 무엇인가

절정에 달한다. 상징적으로 볼 때, 영웅은 동시에 배우자를 얻기도 한다. 이제 사람들은 신화가 인생의 전반부에 대한 프로이트적 목표를 적절히 표현하고 있다고 결론지을 수도 있다. 그러나 실제로 신화는 그 반대되는 것을 표현한다. 충족된 소망은 부모와 반사회적 본능으로부터 분리되기 위한 것이 아니다. 오히려 그 반대로, 신화는 부친 살해나 근친상간, 심지어 강간 등, 자기 부모와 맺을 수 있는 가장 긴밀한 관계와 가장 반사회적인 충동이 존재한다는 사실을 알려준다. 당연히 아버지의 직업을 빼앗고 어머니의 손을 붙잡는 것을 그들로부터의 독립이라고 말하지는 않는다.

신화 창조자나 신화의 독자는 성인이고 신화에 의해 발산되는 소망은 3세부터 5세 사이의 어린이들이 갖는 소망이다.

여기서 환상은 자기 어머니를 차지하기 위해 아버지를 죽이려고 하는 오이디푸스적 소망의 충족을 위한 것이다. 신화를 통해 그것을 만들어 내거나 이용하는 어른은 그것을 통해 아직 극복하지 못한 유아적 소망을 충족시킨다. 그는 심리학적으로는 영원한 어린이eternal child다. 그는 자신의 본능을 정복할 만큼 충분히 강한 자아ego를 발전시키지 못한 어른, 즉 신경증 환자다.

어떤 아이도 힘으로 자기 아버지를 이길 수 없기 때문에, 신화 창조자는 그런 힘을 가지게 되는 상태를 상상한다. 간단히 말해

신화와 심리학

서, 오이디푸스 신화는 인생 전반부에 대한 프로이트적인 목적을 표현하는 것이 아니라 그런 목적을 완수하지 못하게 가로막는 고착된 유년기적 목적을 표현하고 있다.

물론, 오이디푸스적 소망의 충족은 문자적이라기보다는 상징적이며, 분명하게 드러나지 않고 위장되어 있으며, 의식적이지 않고 무의식적이며, 신체적이 아니라 정신적이며, 직접적이지 않고 간접적이다. 이 신화를 만든 사람이나 신화의 독자는, 자신을 이름난 영웅과 동일시함으로써, 이 세상에서는 결코 실행하지 못할 행동을 마음속에서 실행한다. 심지어 이름난 영웅의 오이디푸스적 행동조차 실은 위장된 것이다. 왜냐하면 이런 영웅적 행동 패턴은 숨은 잠재적인 차원이 아니라 드러난 차원에서, 혹은 그 주변에서 작동하기 때문이다. 그러나 신화는 일종의 충족을 실제로 제공하며, 신경증 환자의 충동과 신경증 환자의 윤리 사이의 갈등이라는 관점에서 볼 때, 가능한 최고의 충족을 제공한다. 랑크는 자신의 충동을 계속 억제해 온 결과 자신의 충동을 간접적으로 배출할 필요가 있는 신경증 환자와 자신의 충동을 실행해 왔기 때문에 신화 같은 중간적인 어떤 수단도 필요로 하지 않는 '도착증 환자'를 대비시킨다.

신화란 무엇인가

제이콥 알로우

주류 정신분석학은 랑크의 『영웅의 탄생 신화』 이후 큰 변화를 겪었다. 정신분석학의 영역을 비정상적인 인격에서 정상적인 인격의 영역으로 확대한 자아심리학ego psychology의 발달에 영향을 받은 미국의 제이콥 알로우Jacob Arlow, 1912- 같은 현대의 정신분석학자들은 신화가 신경증을 지속시키기보다는 정상적인 발달에 기여한다고 본다. 신화는 신경증 환자들로 하여금 피터 팬과 같은 어린이 상태에 머물게 하는 것이 아니라 그들이 성장하도록 돕는다. 신화는 그들이 어린애처럼 사회적 세계와 자연세계로부터 도망치도록 만드는 것이 아니라 세상에 적응하도록 북돋운다. 신화는 여전히 본능적 욕구가 발생하는 정신적 영역인 이드id의 소망을 충족시키는 데 사용되겠지만, 그럼에도 불구하고, 방어와 적응의 능력을 담당하는 에고ego의 기능, 체념을 가르치는 초자아super ego의 기능을 확대하는 데 더 크게 기여한다. 현대의 프로이트 학파는 신화가 신경증 환자에게뿐 아니라 모든 사람에게 도움이 된다고 주장한다. 간단히 말해서, 현대의 프로이트 학파는, 고전적 프로이트 학파와 달리, 신화의 부정적인 측면이 아니라 긍정적인 측면에 주목한다. 알로우의 말을 인용해 보자.

정신분석학은 환자들의 무의식적인 사고thinking 안에서 자주 만날 수 있는 소망들이 신화 안에서 볼 수 있다는 사실을 단순히 드러내는 것 이상으로 신화 연구에 공헌할 수 있다. 신화는 특정한 형태의 공동체적 경험이다. 그것은 특별한 형태의 공유된 환상이고, 개인이 어떤 공통된 욕구라는 기반 위에서 문화적 공동체 내의 다른 구성원과 관계를 맺을 수 있도록 도와주는 것이다. 따라서 신화는 심리적 통합의 기능이라는 관점에서 연구될 수 있다. 예를 들어, 신화가 어떻게 죄책감이나 불안감 같은 부정적 감정들을 물리치는 역할을 하는지, 신화가 어떻게 개인이 속한 그룹이나 현실에 적응할 수 있도록 도움을 주는지, 신화가 어떻게 개인적 정체성의 형성이나 초자아의 형성에 영향을 주는지를 연구할 수 있다.

고전적 프로이트 학파가 신화를 꿈과 비슷한 것이라고 본다면, 현대의 프로이트 학파는 그들에게 동의하지 않는다. 꿈은 여전히 소망을 충족시키는 기능을 하지만, 신화는 소망을 부정하게 하거나 소망을 승화시키는 기능을 한다. 고전적 프로이트 학파에게 신화는 단순히 공적인 꿈이다. 그러나 현대의 프로이트 학파에게 신화는 공적인 것이기 때문에 사회화 기능을 가진다.

브루노 베텔하임

빈 태생으로 나중에 미국에 이주한 저명한 프로이트 학파 아동

정신분석가 브루노 베텔하임Bruno Bettelheim, 1903-90은, 자신의 베스트셀러 『마법의 용도Uses of Enchantment』(『옛 이야기의 매력』이라는 제목으로 변역되어 있다)에서, 알로우와 대단히 유사한 것을 말한다. 하지만 베텔하임은 신화myths가 아니라 주로 전래 동화fairy tales에 대해 말한다. 그 책에서 베텔하임은 기발하게 신화와 전래 동화를 연결시키고, 고전적인 프로이트 방식으로 그것을 해석한다. 고전적인 프로이트 학파는 신화와 꿈이 유사하고, 신화와 전래 동화 역시 같은 성격을 가진 것이라고 보는 경향이 있다. 오히려 현대 프로이트 학파 쪽이 신화와 전래 동화를 대비되는 것으로 보면서 그 둘을 구별하려고 한다. 다시 말해, 그들은 신화는 자아에고나 초자아슈퍼에고에 기여하고 전래 동화는 본능이드에 기여한다고 보면서 전래 동화보다는 신화를 지지하는 경향이 있는 것이다. (예외적으로, 고전적 프로이트 학파 안에서 신화와 전래 동화를 병렬적으로 비교하는 것에서 큰 관심을 가졌던 사람은 헝가리의 인류학자 게자 로하임Géza Róheim, 1891-1953이었다. 그는 알로우보다 먼저 신화를 전래 동화나 민담과 대비시켜 논의했다.)

베텔하임은 알로우와 반대 방향으로 나간다. 분명히, 베텔하임은 신화를 소망 충족의 수단이라고 생각하지 않는다. 알로우에 공명하면서, 베텔하임은 다음과 같이 주장한다.

신화와 심리학

신화는 전형적으로 이드id에 의해 촉발된 행동 그리고 자아ego의 자기 보존 욕망과 갈등하는 초자아super ego의 요구와 관련이 있다.

그러나 알로우와는 대조적으로, 베텔하임은 신화적 초자아가 너무 확고해서 초자아가 추구하는 성숙의 단계까지는 도달하기 어렵다고 주장한다. 전래 동화는 신화 못지않게 성숙을 가르치지만, 신화보다는 더 부드러운 방식으로 가르치기 때문에 신화가 해내지 못하는 곳에서 성공할 수 있다. 신화 속의 주인공은, 많은 경우, 신이거나 예외적 존재이기 때문에 성공한다. 그러나 전래 동화의 주인공은 평범한 사람들이고, 그들의 성공은 사람들이 그들을 모방하도록 고무시킨다. 간단히 말해서, 베텔하임은 전래 동화가 심리적 성장을 촉진한다고 보지만, 신화는 오히려 심리적 성장을 방해하는 것이 될 수 있다고 본다.

앨런 던디즈

오늘날의 모든 프로이트 학파가 신화에 대한 고전적인 접근을 반대하는 것은 아니다. 미국의 탁월한 민속학자인 앨런 던디즈 Alan Dundes, 1934- 는 도전적이라 할 만큼 낡은 방식을 고집한다. 그에게 있어서 신화는 억압된 소망들을 포기하거나 승화시키는 것이 아니라 그런 소망을 충족시킨다.

민담의 내용은 ⋯ 대체로 무의식적이다. 그러므로 민담은 대부분 자아에고가 아닌 이드를 표현한다. 이런 견지에서 본다면, 자아 심리학ego psychology은 민담의 내용 중에서 설명할 수 있는 것이 그다지 많지 않다.

칼 구스타프 융

프로이트와 랑크에게 있어서 영웅주의heroism는 인생의 전반부에 한정되지만, 융의 경우에는 인생의 후반부에 훨씬 더 중점을 둔다. 프로이트와 랑크에게 영웅주의가 부모와 본능의 관계가 관련된다면, 융은 거기에 더하여 영웅주의를 무의식과 연결시킨다. 인생의 전반부에서 영웅주의는 부모와 반사회적 본능으로부터의 이탈뿐 아니라 무의식으로부터의 이탈을 의미한다. 융은 아이들이 어떻게든 의식을 주조해내는 것이 무엇보다 중요한 영웅적인 위업이라고 생각한다. 프로이트 학파가 그랬던 것처럼, 융 학파 역시 영웅신화에 한정하지 않고 모든 종류의 신화에 관심을 가지고, 영웅신화만이 아니라 다른 종류의 신화들도 영웅적 행위에 입각해서 해석한다. 예를 들어, 그들에게 창조신화는 무의식에서 의식을 창조하는 과정을 상징하는 것이었다.

프로이트는 무의식이 본능을 억압한 결과라고 본다. 그러나 융은 무의식이 그렇게 만들어진 것이라기보다는 물려받는 것이고, 억압된 본능보다 훨씬 더 많은 것을 포함한다고 본다. 그러므로 융이 말하는 무의식으로부터의 독립은 본능으로부터의 독립보다 더 많은 것을 의미하게 된다. 그것은 의식의 형성을 의미하며, 인생의 전반부에서는 그 대상은 다름 아닌 외부 세계이다.

융이 말하는 인생의 후반부의 목표는 의식이다. 그러나 그 경우의 의식은 세계에 대한 의식이라기보다는 무의식에 대한 의식이다. 대상이 외부 세계에서 무의식으로 변화한다. 인생의 후반부에 인간은 거의 예외 없이 무의식과 단절된 삶을 산다. 하지만 우리는 반드시 무의식으로 돌아가야만 한다. 그러나 그런 목표를 달성하기 위해 외부 세계와 관계를 단절해야 하는 것은 아니다. 오히려 반대로, 목표는 여전히 외부 세계로 돌아가는 것이다. 그리고 이상적인 상태는 외부 세계에 대한 의식과 무의식에 대한 의식 사이의 균형을 얻는 것이다. 인생 후반부의 목표는 인생 전반부의 성과를 포기하는 것이 아니라 보완하는 것이다.

고전적으로 프로이트 학파의 문제가 외적인 자아를 정립 establish하지 못하는 것과 관련되어 있는 것처럼, 융 학파의 주제는 내적인 자아를 재-정립re-establish하지 못하는 것과 관련되어 있다. 프로이트 학파의 문제는 유아적 세계에 대한 과도한 애착에 뿌리를 두고 있다. 그러나 융 학파의 문제는 어린 시절의 세계를 벗어난 다음 단계인 외적 세계에 대한 과도한 애착 때문에 발생한다. 내적 세계와의 단절로 인한 공허함과 상실감이 문제가 되는 것이다.

조셉 캠벨

칼 융은 인생의 전반부에서만 아니라 후반부에서도 영웅주의가 필요하다고 생각한다. 그러나 조셉 캠벨Joseph Campbell, 1904-1987은 랑크의 『영웅의 탄생 신화』에 대한 융 학파의 고전적 대응물이라 할 수 있는 『천의 얼굴을 가진 영웅Hero with a Thousand Faces』에서 융의 생각을 완전하게 따르지는 않는다. 다시 말해, 프로이트 학파의 랑크는 영웅주의를 인생의 전반부에 한정하고 있지만, 캠벨은 [융의 생각과는 조금 다르게] 영웅주의를 인생 후반기에 한정하고 있다(박스 3).

박스 3: 캠벨의 영웅신화 패턴, 『천 개의 얼굴을 가진 영웅』에서

영웅의 신화적 모험에 있어서 표준적인 행로는 통과의례rites of passage에서 표현되는 공식, 다시 말해, '분리-입회-귀환'이라는 과정을 확장한 것이다. 이것이 단일신화monomyth를 구성하는 핵심적 단위라고 부를 수 있다.

(a) 영웅이 일상의 세계를 떠나 초자연인 경이의 영역으로 모험을 떠난다.

(b) 거기서 놀라운 힘들과 마주하고 마침내 결정적인 승리를 거둔다.

(c) 영웅은 신비스러운 모험에서 거대한 힘을 가지고 돌아와 자신의 무리에게 은혜를 안겨준다.

랑크의 도식은 영웅의 출생과 함께 시작하고, 캠벨의 도식은 영웅의 모험과 더불어 시작한다. 랑크의 도식은 영웅이 가정에 안주하는 어른이 되면서 끝나지만, 캠벨의 도식은 어른이 된 그 시점에서부터 시작한다. 랑크의 영웅은 그의 아버지 심지어 그의 할아버지가 권좌에 머물러 있을 만큼 젊다. 캠벨은 영웅의 연령을 명확히 밝히지는 않지만 랑크의 영웅신화가 끝날 무렵인 청년기보다 결코 더 젊지 않다. 캠벨이 인생 전반기의 영웅주의를 분명히 인정하고 있을 뿐 아니라 랑크의 『영웅의 탄생 신화』를 인용하기도 하지만, 그는 이 청년기 영웅주의를 성년기 영웅주의를 위한 단순한 준비 단계로 격하시킨다. 융과는 정반대로, 캠벨은 출생 자체를 영웅적인 것과는 무관한 것으로 간단히 처리한다. 왜냐하면, 출생은 의식적consciously으로 행해지는 일이 아니기 때문이다!

랑크의 영웅은 왕족의 아들이거나 적어도 특출한 부모의 아들이어야 한다. 캠벨의 영웅은 어떤 계층에 속해도 상관이 없다. 비록 캠벨의 도식에서 두 번째 단계, 즉 입문initiation 단계에서는 남성 영웅을 필요로 하지만, 그는 실제로는 남성 영웅만큼이나 많은 수의 여성 영웅을 인용한다. 게다가 그의 도식은 기본적으로 성인 영웅을 요구하지만, 그의 영웅들 일부는 확실히 젊다. 마지막으로, 캠벨의 영웅들 중에는 신적인 존재가 있음에도 불구하고, 그의 패턴에서 영웅은 인간 영웅임을 분명히 하고 있다! 반대로, 랑크의 패턴은 인간 영웅뿐만 아니라 신적인 영웅도 허용한다.

랑크의 영웅은 그의 출생지로 돌아오는 반면, 캠벨의 영웅은 그 전에 한 번도 가 본 적이 없거나 심지어는 존재하는지조차 알지 못했던 새롭고 낯선 세계로 힘차게 나아간다.

운명은 영웅을 불러내 그의 영적 중심을 그가 속한 사회의 경계 내부로부터 미지의 구역으로 이동시켜 놓았다. 보물과 위험이 함께 존재하는 이 운명적인 장소는 다양한 형태로 소개된다. 멀리 떨어진 땅, 숲, 지하 왕국, 바다 밑, 하늘 위, 비밀의 섬, 높은 산꼭대기, 또는 깊은 꿈 속 등.

이런 특별한 세계는 신들의 세계며, 영웅은 인간 세계를 벗어나 그 반대편에 위치하는 세계를 향해 손을 흔든다. 이런 이국적이고 초자연적인 세계에서 영웅은 더할 나위 없이 멋진 여신과 남신을 만나게 된다. 어머니 같은 여신은 사랑스럽고 자상하다.

그 여신은 미인 중의 미인이며, 모든 욕망에 대한 응답이며, 모든 영웅의 지상적이고 천상적인 축복을 주는 목표가 된다.

여신과 달리, 남신은 독재적이고 무자비한 괴물ogre이다. 영웅은 여신과 성행위를 나누고 그녀와 결혼한다. 그는 여신과 만나기 전이나 만난 후에 남신과 싸운다. 그러나 마침내 그는 여신만이 아니라 남신과도 신비로운 합일을 이루고, 그로 인해 자신도 신적인 존재가 된다.

랑크의 영웅은 집으로 **돌아가** 자기 아버지와 어머니를 만나게 되지만, 캠벨의 영웅은 집을 **떠나** 한 여신과 한 남신을 만나게 되며 그들은 아버지 같고 어머니 같지만 그의 부모는 아니다. 그럼에도 불구하고, 두 영웅이 만나게 된 그 두 신은 대단히 비슷하다. 마치 랑크의 영웅이 비록 잠재적이기는 하지만 자기 아버지를 죽이고 어머니와 결혼하는 것처럼, 캠벨의 영웅은 비록 종종 순서가 반대이기는 하지만 여신과 결혼하고 남신을 죽이지는 않더라도 남신과 대결하며 싸운다.

그러나 그 두 이론가의 차이점에는 훨씬 더 중요한 의미가 있다. 왜냐하면 여신은 영웅의 어머니가 아니기 때문에, 그녀와의 성행위는 근친상간이 되지 않는다. 게다가, 둘은 결혼할 뿐만 아니라 또한 신비적인 합일을 이룬다. 그리고 외적인 상황에도 불구하고, 캠벨의 영웅과 남신 사이의 관계는 확실히 긍정적이다. 캠벨의 영웅은 그가 방금 여신으로부터 얻었거나 앞으로 얻게 될 것과 동일한 사랑을 그의 아버지 같은 신으로부터 실제로 구하고 있는 것이다. 그는 화해, 즉 '보상'을 추구한다.

캠벨이 입문의례initiation rituals를 동반하는 신화는 '**원형**原型**적** 아버지의 자기희생적 자애를 표현한다'고 쓸 때, 그는 칼 융의 개념을 차용하고 있다. 프로이트 학파는 신이 부모를 상징한다고 말한다. 그러나 융 학파는 신이 부모를 상징할 뿐 아니라 아버지와 어머니 원형archetypes을 상징하며, 영웅의 인격성을 구성하는 요소가 된다고 생각한다. 여기서 신과 영웅의 관계는 남성 인격의 한 측면, 즉 그의 자아ego의 다른 측면인 무의식과의 관계를 상징한다. 그 점에서 프로이트와 랑크의 이론에서 신과 영웅의 관계가 아들과 다른 사람, 즉 그의 부모와의 관계를 상징하는 것과 다르다. 캠벨 나아가 융의 신화 이론에서 아버지와 어머니는 융이 말하는 더 큰 무의식, 즉 '집단 무의식collective unconscious'을 구성하는 두 개의 원형archetypes에 불과하다. 정신 안에 내재하는 다양한 원형들은 억압되어 있었기 때문이 아니라 결코 의식화된 적이 없기 때문에 '무의식적'이다. [프로이트의 무의식은 억압의 결과물이다.] 융과 캠벨에게, 신화는 단지 현실화될 기회를 갖지 못했던 인격의 정상적인 측면들을 표현하기 위해 만들어지고 기능한다.

신화와 심리학

그런 신화 이론은 신화가 내놓고 드러낼 수 없는 신경증적 충동을 만족시키기 위해 만들어진다고 보는 프로이트 및 랑크의 이론과 다르다.

랑크가 예상하는 남성 신화 창조자나 남성 독자는, 자신을 신화 속의 영웅과 동일시함으로써, 자기 마음 안에서 부모에게나 행할 수 있는 그런 모험을 치르면서 대리적인 삶을 산다. 그와 대조적으로, 조셉 캠벨이 예상하는 남성 혹은 여성 신화 창조자나 신화의 독자는 직접 충족된다 해도 여전히 마음속에 남아서 꿈틀거리고 있을 모험을 정신적으로 치르게 된다. 왜냐하면 마음을 구성하는 여러 부분들은 신화적 영웅이 실제로 경험했던 것이기 때문이다. 속된 말로 하자면, 캠벨의 영웅적 모험은 '지속적인 환각 증상tripping'에 해당하는 것이다.

안전한 일상의 세계를 벗어나 위험이 가득한 미지의 세계로 들어가려고 하는 캠벨의 영웅은, 자신의 여정을 완성하기 위해, 이제 다시 그가 편안하게 머물 수 있는 그 새로운 세계를 벗어나 다시 일상의 세계로 돌아와야만 한다. 그 새로운 세계는 너무나 매혹적인 곳이라서 그곳을 떠나는 것은 집을 떠나는 것보다 더 어렵다. 아무 걱정도 없는 불멸의 삶을 미끼로 오디세우스를 유혹했던 키르케Circe, 칼립소Calypso, 사이렌Siren 등은 영웅이 맞닥뜨린 그런 어려움을 상징한다.

가끔 오해를 받기도 하지만, 칼 융 역시 프로이트에 못지않게 단순한 무의식 상태에 머물러 있는 것에 반대한다. 그들은 무의식을 의식화하는 것의 중요성을 강조한다. 그들의 궁극적인 목표는 무의식이 아니라 의식이다. 융은 자아의식ego consciousness을 중시한 나머지 무의식을 부정하는 것에 반대하는 것만큼이나 강하게, 무의식을 강조한 나머지 자아의식을 부정하는 태도에 반대한다. 융은 자아의식과 무의식 사이의 균형, 그리고 '외적 세계에 대한 의식'과 '무의식에 대한 의식' 사이의 균형을 추구한다. 융은 모험을 떠난 영웅이 본래의 일상적 세계로 돌아오지 못한다면 그것은 영웅이 무의식의 유혹에 저항하는 데 실패했음을 의미한다고 해석한다.

융과 대조적으로, 캠벨은 '순수한 무의식pure unconsciousness'을 추구한다. 캠벨의 영웅은 절대 일상의 세계로 돌아오지 않는다. 그 영웅은 무의식에 굴복한다. 그럼에도 불구하고 캠벨은 영웅이 일상 세계로 귀환할 것을 요구한다. 그렇다면, 어떻게 캠벨의 영웅은 그 귀환을 거절할 수 있을까? 캠벨의 영웅이 돌아가는 곳은 낯설고 새로운 세계지만 결국 일상의 세계에 스며들어 있는 것으로 밝혀진다는 것이 그의 대답이다. 신성함(새로움)과 분리된 일상 세계란 존재하지 않는다. 일상의 세계와 새로운 세계는 실제로는 하나인 것이다.

그 두 세계, 신성한 (새로운) 세계와 인간적인 (일상적) 세계는 삶과 죽음처럼, 낮과 밤처럼, 서로 분명히 구분되는 것으로 그려질 수는 있다. … 그럼에도 불구하고… 그 두 왕국은 실제로는 하나다.

『오즈의 마법사』의 주인공 도로시Dorothy처럼, 영웅은 결국 집을 떠날 필요가 없었던 것이다. 칼 융이 자아의식과 무의식 사이의 균형을 강조한다면, 조셉 캠벨은 의식과 무의식의 융합을 지지한다. 캠벨은 영웅신화에 대한 철학적 해석과 심리학적 해석을 결합하면서 모든 영웅신화가 궁극적으로 신비적인 합일mystical oneness을 가르치는 것이라고 해석한다.

아도니스

칼 융은, 지나가면서 지적한 것이기는 하지만, 아도니스를 '**영원한 어린이**puer aeternus' 원형의 하나로 언급한다. 융은 또 하나의 복잡한 원형인 대지모신Great Mother의 원형에 대한 몇 페이지에 이르는 기나긴 논의 안에서, 지나가는 식으로, 영원한 어린이 원형에 대해 언급한다. 융의 가장 가까운 제자 중 한 사람이었던 폰 프란츠von Franz는 '영원한 어린이' 원형에 대한 책을 쓰면서 아도니스 신화가 아닌 다른 신화를 폭넓게 다루고 있다.

융 학파의 관점에 따르면, 아도니스의 신화는 단지 '**영원한 어**

린이' 원형을 제시하는 것으로 기능할 뿐 아니라 그것의 의미를 평가하는 기능을 한다. 이 신화는 스스로를 어린이 원형과 동일시하는 사람들에게 경고를 던진다. 아도니스처럼 영원한 어린이로 산다는 것은 심리학적인 어린애로, 그리고 궁극적으로는 태아로 사는 것이다. 신화에 있어 '영원한 어린이'의 삶은 예외 없이 미숙한 죽음으로 끝난다. 그리고 그의 죽음은, 심리학적으로 볼 때, 자아의 죽음과 자궁 같은 무의식으로의 회귀를 의미한다. 그러나 회귀는 프로이트 이후의 랑크가 말하는 것과 같은 실제적인 자궁으로의 회귀와는 다른 것이다.

하나의 원형으로서 **어린이**puer는 한 사람의 인격의 한 측면을 구성하며, 그런 하나의 측면으로서, 그 사람의 것으로 수용되어야 한다. **어린이** 인격을 가진 사람은 자신의 인격 전체를 **어린이**처럼 만드는 방식으로 지나치게 일방적으로 멀리 나가는 사람이다. 그는 그 마법에 저항하지 못하기 때문에 스스로 그것에 굴복하고, 따라서 자신의 자아를 포기하고 순전한 무의식으로 되돌아간다.

어린이 인격을 가진 사람이 '어린이 원형'에 저항할 수 없는 이유는 전체적으로 무의식과 동일한 '대지모신 원형Great Mother'이 걸어놓은 마법에서 빠져나올 수 없기 때문이다. 대지모신에게서 자유로울 수 없기 때문에 그는 결코 강하고 독립적인 자아를

신화와 심리학

세우지 않게 되고, 따라서 그가 만나는 어떤 압도적인 여성에게도 저항할 수 없게 된다. 어린이 원형에의 굴복은 대지모신에 대한 굴복을 의미하고, 그는 오직 그녀에게 돌아가기만을 갈망한다. 어린이는 '오직 엄마를 양식으로 삼고 엄마를 통해 살아가면서 어디에도 뿌리내리지 못하기 때문에 결국 영구적인 근친상간의 상태에 있는 자신을 발견할 뿐이다.' 심지어 융은 그를 '엄마의 꿈dream of the mother'에 불과한 존재라고 부른다. 그 엄마는 결국 아들을 다시 자기 안으로 끌어 들이게 되는 것이다.

생물학적으로, 어린이 인격은 청소년기에 가장 드라마틱하게 표현된다. 그러나 중년, 또는 그 이후에도 그런 인격을 가지고 사는 사람이 적지 않다. 어린이 인격을 가진 사람은 심리적으로 어린애같이 행동한다. 프로이트는 오이디푸스 콤플렉스에 지배받는 사람이 심리학적으로 3세에서 5세 나이에 고정된다고 본 반면, 융은 어린이 인격이 출생 당시의 수준으로 고정된다고 본다. 오이디푸스 콤플렉스는 '자아중심적으로egotistically' 엄마를 단독 소유하고자 하는 독립된 자아를 전제로 하는 반면, 어린이 인격은 엄마에게 굴복하고자 하는 빈약한 자아를 가지고 있다. 어린이 인격을 가진 사람이 추구하는 것은 지배가 아니라 흡수이며, 심지어 출생 이전 상태로의 회귀다.

프로이트와 랑크, 프로이트 학파와 프로이트-이후 학파에게 있어서, 엄마에 대한 집착은 어떤 단계에서나 실제의 엄마나 엄마 대리자를 의미한다. 반면, 융의 경우에는, 엄마에 대한 집착은 '어머니 원형mother archetype'에 대한 집착을 의미하며, 실제의 엄마나 엄마 대리자는 단지 그 '어머니 원형'에 대한 표상일 뿐이다. 프로이트에 있어서는 남자 아이는 자기 엄마에 대한 오이디푸스적 또는 유아적 갈구로부터 자신을 해방시켜야 하지만, 융의 경우에는 자신을 '어머니 원형'과 동일시하려는 성향으로부터 자신을 해방시켜야 한다. 프로이트의 경우, 자신을 해방시키지 못하는 것은 엄마에게 영원히 집착하는 것을 의미한다. 그러나 융의 경우, 그것은 자신의 인격을 '어머니 원형' 안에 제한하는 것을 의미한다. 프로이트의 경우 자유를 위한 투쟁이 한 사람과 또 다른 사람, 즉 엄마와 아들 사이에서 일어나지만, 융에 있어서 그 투쟁은 한 사람의 일부와 또 다른 부분, 즉 에고와 무의식 사이에서 일어나며, 이 무의식은 무엇보다 '어머니 원형'으로 상징된다.

원형은 직접적으로 표현되지 않고 상징을 통해 표현되기 때문에, 남자 아이가 아는 '어머니 원형'의 양상들은 실제 엄마 또는 엄마 대리자를 통해 걸러내진 것일 뿐이다. 아이의 행동을 저지하는 엄마는 아이로 하여금 '어머니 원형'의 억압적이고 부정적인 측면에 사로잡히게 만든다. 그러나 결국 아이가 원하는 모든 것을 허락하는 엄마는 아이의 성장을 촉진하는 긍정적인 측면

신화와 심리학

을 제공한다. 어떤 아이라도 처음에는 엄마와 분리되는 것을 거부한다. 억압적인 엄마는 '어머니 원형'의 강압적인 측면만을 드러내면서 아이가 엄마 곁에 머물도록 만든다. 그러나 성장을 촉진하는 엄마는 원형의 촉진적 측면을 동시에 드러냄으로써 엄마 곁에 머물고 싶은 유혹에 저항하도록 자극한다. 하나의 원형으로서의 '어머니 원형'은 상속된다. 개인의 경험은 엄마라는 형상을 통해서 주어지는 '어머니 원형'의 어떤 측면을 이용할 것인지를 결정한다. 성장 촉진적인 엄마의 모습을 한 번도 경험하지 못하는 남자 아이는 자신에게 내재된 '어머니 원형'의 성장 촉진적 측면을 발견하지 못할 것이다.

아도니스는 '영원한 어린이puer aeternus'의 전형이다. 그는 결혼을 해보지 않았고 직업을 가진 적도 없고 젊어서 죽었다. 아도니스는 더 이상 성장하지 않는다. 그는 태어나기 위해 먼저 나무를 깨고 밖으로 나와야 했다. 오비디우스 버전에서, 나무로 변했던 그의 어머니는 아들이 자기 몸 밖으로 나가는 것을 마지못해 허락한다. 그녀는 아들의 수태를 기뻐해마지 않았을지 모르지만, 보통의 엄마들과 달리 아들을 자기 안에 감추고 싶어 한다. 아도니스는 스스로 출구를 찾아야 했다.

아폴로도로스 버전에 의하면, 아도니스가 나무 밖으로 나오자마자 아프로디테가 그를 다른 상자 안으로 밀어 넣는다. 그렇게 함으로써 아프로디테는 힘겨운 출생을 무효화시킨다. 상자의 내용물을 들여다보지 말라는 아프로디테의 부탁을 받았으나 호기심 때문에 그 상자를 열어본 페르세포네는 아프로디테와 마찬가지로 아도니스에게 홀딱 반해서 그를 지상으로 돌아가지 못하게한다. 이 두 여신은 그들이 아도니스의 엄마인 것처럼, 전적으로 그를 소유하고 싶어 한다. 마침내 제우스가 아도니스에게 1년의 3분의 1 동안의 자유를 주기로 결정하지만, 아도니스는 그 3분의 1의 시간을 아프로디테에게 내준다. 그 후 아도니스는 원형적인 어머니의 보호를 벗어나는 일이 없게 된다.

아도니스는 여신들에게 저항하지 못한다. 하지만, 그 이유는 여신들이 그를 성적으로 자극하기 때문이 아니다. 아도니스는 여신들을 저항할 수 없을 만큼 아름다운 여성으로가 아니라 자신의 어머니라고 여긴다. 따라서 그는 여신들과의 성적 결합이 아니라 그들에게 흡수되기를 원한다. 아도니스와 여신들은, 칼 융이 자주 인용하는, 레비브륄의 신비적 합일participation mystique이라는 원초적 상태에 놓여 있다(1장 참조). 심리학적으로 보면, 아도니스는 정확하게 레비브륄과 나중에 칼 융이 '원시적primitive'이라고 부르는 인격의 단계에 놓여있다. 자신의 인생과 다른 사람의 인생을 구별하지 못하는 그는 외적으로만이 아니라 무의식적으로도 가장 극단적인 형태의 '어린이puer'인 것이다. 아마도 캠벨은

신화와 심리학

아도니스를 '신비적'이라고 칭찬할 것이다. 그러나 융은 아도니스를 유아적이라고 비난한다.

7

신화와 구조

클로드 레비스트로스

1장에서 먼저 언급한 바 있지만, 클로드 레비스트로스는 신화는 원-과학적proto-scientific이라는 타일러의 견해를 현대적으로 되살린 것에 그치지 않고, 신화에 대한 '구조주의적'인 이론을 창조했다는 점에서 신화 연구에 있어서 커다란 공적을 남겼다. 레비스트로스에 따르면, 신화는 현상들을 분류한다. 따라서 현대적 신화든 원시 신화든, 신화는 본질적으로 사유thinking 자체에 대한 예시라고 볼 수 있다. 인간의 사유는 분류classification라는 방식으로 사유한다. 그 분류는 대립항의 형식으로 이루어지며, 그것을 세계에 대해 투사한다고 레비스트로스는 주장한다. 레비스트로스가 분류학taxonomy의 일종으로 취급하는 신화와 과학은 말할 것도 없

고, 요리, 음악, 미술, 문학, 의상, 예절, 혼례, 그리고 경제학까지
도 인간의 본질적인 대립항 만들기pairing의 충동을 보여준다고 그
는 주장한다.

레비스트로스에 의하면, 이러한 현상들 가운데서 신화는 세
가지 점에서 구별된다. 첫째, 신화는 언뜻 보기에 질서가 없는 것
처럼 보일 수 있다. "신화의 진행 과정 안에서는 어떤 일이든지
모두 다 일어날 수 있는 것처럼 보인다. (겉보기에는) 논리적인 질
서나 연속성도 보이지 않는다." 그러나 신화가 일련의 대립항의
집합들로 구성되어 있다는 사실을 통해, 모든 문화 현상에 내재
하는 질서를 고려할 때, 그 질서의 근거는 정신일 수밖에 없다는
결론을 이끌어 낼 수 있다. 레비스트로스는 아메리카 원주민의
신화를 연구한 네 권의 대작 『신화론Introduction to a Science of Mythology』
의 첫머리에서 다음과 같이 선언한다.

내가 지금 신화를 가지고 시작하려고 하는 실험은 결과적으로는
더욱 결정적인 것이 될 것이다. … 만약 이 경우 명백하게 보이는 정
신mind의 자의성과 정신이 받을 영감의 자연적 흐름, 그리고 겉으로
제어되지 않는 것처럼 보이는 창조성이 내면의 더 깊은 단계에서 작
용하는 법칙들의 존재를 함축한다고 하는 사실을 증명할 수 있다면,
우리는 인간의 정신이 정신 그 자체와 일치하고, 외부의 대상과 타

협하려고 할 필요가 없으며, 정신 자체를 모방의 대상으로 삼는다고 하는 결론을 지을 수 있을지도 모른다. ⋯ 만일 인간의 정신이 신화의 영역 안에서 확고한 자기 결정성을 가진 것이 분명하다면, 그 당연한 결과로서, 인간의 정신은 인간의 모든 활동 영역에 있어서도 자기 결정적인 것임이 틀림없다.   ˙

타일러와 마찬가지로, 레비스트로스는 신화가 자유로운 상상력의 산물이라기보다는 관찰과 가설이라는 과학적science-like 과정에 뿌리를 두고 있다는 사실을 증명하기 위해 정신적인 질서에 호소한다.

둘째, 신화는 토테미즘과 더불어 레비스트로스가 탐구하는 것 중에서 유일한 원시적인 현상이다. 신화가 질서를 가지고 있음을 증명하는 것은 신화 창조자가 질서를 가지고 있다는 사실, 따라서 또한 논리적이고 지적이라는 사실을 증명하는 것으로 이어진다.

셋째, 신화는 대립을 표현할 뿐 아니라 그 대립(=모순)을 해소하기도 한다는 것인데, 이것이 가장 중요하다. "신화의 목적은 모순을 극복할 수 있는 논리적 모델을 제공하는 것이다." 신화는 그것이 중개하는 중간 조건이나 더 쉽게 해소될 수 있는 유사 모순을 제공함으로써, 본래의 모순을 해소한다. 더 엄밀하게 말하면 모순을 '변증법적dialectically'으로 완화한다.

　다른 현상들에서 표현되는 모순들처럼 신화에서 표현되는 모순들도 헤아릴 수도 없이 다양하다. 그러나 그 모든 모순은 명백하게 '자연nature'과 '문화culture' 사이의 근본적인 모순으로 요약될 수 있다. 나아가 그 근본 모순은, 자연의 일부라고 볼 수 있는 '동물로서의 인간'과 문화의 일부라고 말할 수 있는 '인간 자체로서의 인간' 사이의 갈등으로 표현될 수 있다. 그리고 그 갈등은 인간 정신의 대립적 특성이 세계에 투사된 결과 생기는 것이다. 인간은 '대립적으로' 생각한다. 나아가 인간은 세계를 '대립적으로' 경험한다. 그렇게 되면, 프로이트나 융과 마찬가지로, 레비스트로스 역시 신화의 주제가 세계가 아니라 정신이라고 생각하고 있는 것처럼 여겨질 수도 있다. 그러나 사실은 그렇지 않다. 레비스트로스는 프로이트와 융처럼 투사를 거두어들이기 위해 그 사실을 확인하는 것이 아니기 때문이다. 그는 단지 투사의 원천을 추적하려고 한다. 레비스트로스는 세계가 그 자체로 '대립적으로' 구성되어 있기 때문에 인간의 투사는 그것이 투사인 한에서 자연세계와 일치한다고 주장한다. 나중에 칼 융은 동시성synchronicity 이론을 제창하면서 비슷한 주장을 한다. 일단 투사의 원천을 추적하자마자, 레비스트로스는 거기서 한 걸음 더 나아가 그것을 세계에 대한 경험으로 다루려고 한다. 결과적으로 레비스트로스는 불트만, 요나스, 카뮈와 마찬가지로 신화의 주제는 정신이 아니라 세계와의 만남이라고 보게 되는 것이다. 하지만, 그 세계는 비슷하거나 무차별적인 것으로 경험되는 세계가 아니라 대립적이고 모순적으로 경험되는 세계인 것이다.

레비스트로스에게 있어 '자연'과 '문화' 사이의 갈등은 반복적으로 등장하는 대립항이다. 레비스트로스는 날 것과 익힌 것, 야생 동물과 길들인 가축, 근친혼incest과 족외혼exogamy 사이의 대립에서 이러한 예들을 찾아낸다. 그가 찾아낸 또 다른 대립항들, 예를 들어, 태양과 달, 땅과 하늘, 더위와 추위, 높음과 낮음, 왼쪽과 오른쪽, 남자와 여자, 삶과 죽음 등이 '자연' 안에서의 분리가 아니라 '자연'과 '문화' 사이의 대립과 분리를 상징하는지는 분명하지 않다. 마찬가지로, 자매와 아내, 처가와 시집 등과 같은 친척 관계 안에서의 대립항들이 어떻게 '문화' 안에서의 분리가 아닌 다른 의미의 분리를 상징하는지는 전혀 분명하지 않다.

레비스트로스는 주로 아메리카 원주민의 신화에 대해 쓰고 있지만, 그의 체계적인 '구조주의적 신화 연구'의 주요한 분석 대상으로 선택된 두 신화 중에서 첫 번째에 해당하는 오이디푸스 신화에 대한 분석이 가장 널리 알려져 있다. 그는 오이디푸스 신화가 자연과 문화 사이의 갈등과 대립을 완화시키는 데 기여하며, 그 신화가 병행하는 충돌 상황을 견뎌내는 인간의 존재 구조를 그린다고 주장한다.

비록 대립의 문제가 해결될 수 없는 것이 분명하다고 하더라도, 오이디푸스 신화는 본래적인 문제를 대신하는 일종의 논리적 도구를 제공한다. … 이런 유형의 상관관계[즉 원초적 대립과 유추적 대립의 상관관계]에 의해, 혈연관계에 대한 과대평가와 과소평가와의 관계[즉 견뎌내는 것이 훨씬 더 쉬운 관계]는 자생autochthony에서 탈출하려는 시도와 그것의 성공 불가능성의 관계[즉 해결이 필요한 대립]와 같은 것이 된다.

레비스트로스는 오이디푸스 신화의 여러 요소를 플롯의 시간적 순서가 아니라 두 쌍의 대립항이 반복되는 순서에 따라 배열하면서 신화의 구조를 보여주려고 시도한다. 다시 말해, 본래적인 갈등을 일으키는 대립항을 쉽게 해소될 수 있는 갈등을 내용으로 삼는 다른 대립항과 나란히 놓고 비교함으로써, 본래적인 대립항 안에 내재하는 갈등을 완화시킨다고 주장한다. 쉽게 해소될 수 있는 갈등을 내용으로 삼는 대립항은 '혈연관계'에 있어서의 '과대평가'와 '과소평가' 사이의 갈등을 내용으로 삼는 것이다. 이 경우 '과대평가'는 근친상간[오이디푸스가 자신의 어머니와 결혼한 것]이나 가족이라는 이유에서 금지를 어기는 일[안티고네가 자신의 오빠인 폴리니케스를 묻어준 것을 가리킨다. 그리고 '과소평가'는 형제 살해[에테오클레스가 자신의 동생인 폴리니케스를 죽인 것]나 부친 살해[오이디푸스가 자신의 아버지를 죽인 것]를 가리킨다. '과대평가'는 본능적인 것이므로 자연을 상징한다. '과소평가'는 비자연적인 것이므로 문화를 상징한다. 레비스트로스가 오이디푸스 신화를 거론하며 가족 사이의 성행위와 살해에 집중하는 것을 보면, 그가 프로이트를 따르는 것처럼 보일 수 있다. 그러나 그는 프로이트의 분석을 받아들이지 않는다. 왜냐하면, 프로이트의 분석이 수준이 낮은 것이라서 그런 것이 아니라 프로이트의 분석 자체가 이 신화의 또 다른 하나의 버전이라고 판단했기 때문이다.

오이디푸스 신화에서 수용되기를 요구하는 대립항은 '자생적 기원'에 대한 '긍정'과 '부정' 사이의 대립이다. '부정'은 땅에서 태어난 괴물들을 죽이는 것을 가리킨다. 그 괴물들은 인간의 탄생을 막거나[카드모스가 용을 죽이고 그 용의 뽑힌 이빨에서 인간이 태어난 것], 인간의 생존을 위협하는[오이디푸스가 테베를 굶주리게 만든 스핑크스를 죽인 것] 존재이다. '긍정'은 땅에서 태어난 사람과 보행의 어려움[오이디푸스의 이름은 '부은 발'을 의미한다]의 일반적인 신화적 연관성을 가리킨다. 땅에서 태어난 괴물을 죽이는 것은 인간과 땅의 연결을 부정하는 것이다. 즉 보행의 어려움을 기

신화와 구조

반으로 하여 인간의 이름을 짓는 것은 인간과 땅의 연결을 긍정하는 것이다. '부정'은 자연을 나타낸다. 왜냐하면 인간은 땅에서 태어나는 존재가 아니라 인간 부모에게서 태어나는 존재이기 때문이다. '긍정'은 문화를 나타낸다. 왜냐하면 신화는 인간이 땅에서 태어난다고 주장하기 때문이다. 어떻게 고대 그리스인들이 대립항의 한쪽을 다른 쪽보다 더 쉽게 견뎌낼 수 있었는지에 대해서 레비스트로스는 결코 알려주지 않는다.

그러나 다른 신화들은 대립적인 갈등을 극복하는 문제를 이 정도까지 보여주지 않는다. 다른 신화들은 대신 어떤 다른 대안도 더 나을 수 없음을 보여준다. 예를 들어, 침시안Tsimshian 인디언의 아스디왈Asdiwal 신화는

현실의 단점들[즉 모순들]을 정당화하는 데 도움이 된다. 왜냐하면, 극단적인[즉 대안적] 입장들은 그것들이 지지받을 수 없다는 것을 보여주기 위해서만 상상되기 때문이다.

신화는 죽음과 삶 사이의 모순을 해결하기보다는, 죽음을 불사, 즉 영원한 삶보다 우월한 것으로 만들어준다.

북아메리카 인디언들은 죽음이 만일 이 세상에 존재하지 않았다

신화란 무엇인가

면 이 지구는 사람으로 넘치게 되어 결국 모두를 수용할 공간이 없게 될 것이라고 말함으로써, 이 문제를 해결하려고 한다.

신화란 결국 인간이 이 세상에서 경험할 수 있는 가장 깊은 고뇌 및 세계에 대한 인간 경험에 관심을 가지는 것이기 때문에, 불트만, 요나스, 카뮈가 그렇게 생각했던 것처럼, 신화는 존재론적 중요성을 갖는 것처럼 보인다. 그러나 레비스트로스는, 타일러처럼, 신화를 냉정한 지적인 현상intellectual phenomenon으로 취급한다. 다시 말해, 신화에 표현된 대립항들은 존재론적 곤경에 대한 것이라기보다는 논리적 수수께끼에 관한 것이다. 신화는 느낌이 아니라 사유와 관련된 것이다. 나아가, 신화는 사유의 내용 자체보다는 사유의 과정과 더 깊이 관련되어 있다. 이 점에서 레비스트로스는 동시대 인지심리학자들의 작업을 선구적으로 보여준다.

레비스트로스는 신화에 대한 자신의 이론을 '구조주의적structuralist'이라고 명명하고 있는데, 그렇게 함으로써 그는 자신의 방법이 신화의 플롯에 집중하는 다른 이론과 구별하고자 한다. 그러나 그 점에 대해서는 다른 모든 이론들도 마찬가지일 것이다. 사실, 모든 이론가들이 오로지 플롯에만 관심을 가지는 것은 아니다. 예를 들어, 레비브륄은 신화의 기저에 있는 세계관에 관심을 가졌다. 그러나 그는 여전히 플롯을 신화의 속성이라고 생각했다. 대조적으로, 타일러는 플롯이 신화의 중심이라고 보았다. 즉 신화는 이 세상에서 일어나는 과정들의 과정을 보여준다는 것이다.

이렇게 보면, 오직 레비스트로스 혼자서 신화의 플롯plot, 즉 신화의 '통시적 차원diachronic dimension'을 무시하고, 구조structure, 즉 신화의 '공시적 차원synchronic dimension'에서만 신화의 의미를 찾으려고 한다는 것을 알 수 있다. 신화의 '플롯'이란, 사건 A는 사건 B를 낳고, 다시 사건 C에 이어지고, 그것이 사건 D를 이끌어 낸다고 말하는 이야기의 전개 양상이다. 그러나 신화의 '구조'란 모순의 표현과 해결을 의미하는 것으로서, 사건 A와 사건 B로 이루어진 하나의 대립항이 사건 C에 의해 중재되거나, 또는 대립항을 구성하는 사건 A와 사건 B의 상호 관계가 유사 대립항인 사건 C와 D의 상호 관계와 병렬적으로 존재한다.

모든 신화는 일련의 대립항의 집합들을 포함하고 있으며, 각 대립항의 집합은 한 방향 또는 반대 방향으로 해소되는 한 쌍의 대립항으로 구성된다. 집합들 사이의 관계는 각 집합의 요소들 사이의 관계와 같다. 집합 1로부터 집합 2가 나오고, 거기서 집합 3이 나오고, 다시 집합 4가 되는 것이 아니라, 집합 3이 집합 1과 집합 2사이의 대립을 중재하거나, 집합 1과 집합 2의 관계가 집합 3과 집합 4의 관계와 같거나 하는 식이다.

신화란 무엇인가

신화의 구조적 의미는 비누적적non-cumulative이면서 상호 연동적interlocking이다. 신화는 단 하나의 점진적인 해결보다는 그 신화가 표현하는 대립들에 대한 일련의 해결을 포함하기 때문에 누적되지 않는다. 서너 개의 대립적 집합에 대해서 하나의 해결책이 제공되며, 둘 중의 하나의 방식 중에서 그 해결이 제시되지만, 신화 전체로서 그런 해결책이 나오는 것은 아니다. 따라서 신화의 의미는 직선적이라기보다는 순환적이며, 점진적이기보다는 반복적이다. 서너 개의 대립적 집합 각각의 순환은 마치 하나의 집합 내의 서너 요소들 각각의 순환처럼, 연속적 계열을 이루는 것이 아니라 앞서 있는 요소를 다른 방식으로 표현한 '변형'으로 나타난다.

신화의 구조적 의미가 연동적인 이유는, 하나의 집합 안에 있는 어떤 요소도 그 자체 독자적으로 의미를 가지지 않고, 그 집합 안에 있는 다른 요소들과의 '변증법적인' 관계 안에서 의미를 가지기 때문이다. 마찬가지로, 하나의 집합은 그 자체로 독자적으로 의미를 가지는 것이 아니라 다른 집합과의 '변증법적인' 관계 속에서만 의미를 가진다. 하나의 요소든 하나의 집합이든, 문자적으로나 상징적으로나, 그것 자체로는 아무런 의미를 가지지 않는다.

신화를 구성하는 부분들이 상호 관계 안에서 비로소 의미를

신화와 구조

가지는 것처럼, 하나의 신화는 또 다른 신화들과 연동적이고 비
누적적 관계를 가진다. 신화는 그 자체로 독립적으로 의미를 가
지는 것이 아니라, 다른 신화들과의 '변증법적'인 관계 안에서만
의미를 획득한다. 또한 이러한 신화들로 구성된 신화의 집합은
앞선 다른 신화의 집합의 연속적 계열로서 존재한다기보다는 그
앞선 신화의 집합의 '변형'이라고 보아야 한다. 마지막으로, 신화
는 하나의 집합으로서, 개개의 신화들이 서로 관계를 가지고 있
는 것과 마찬가지로, 의례를 비롯한 다른 형태의 인간 현상들과
관계를 가지고 있다. 레비스트로스의 '신화-의례주의'라는 독창
적인 브랜드 안에서 신화와 의례는 함께 작동한다. 그리고 그것
은, 다른 '신화-의례학자'의 이론에서처럼, 병행 관계에 놓여 있
는 것이 아니라 구조적인 대립 관계에 놓여 있다.

블라디미르 프로프, 조르주 뒤메질, 제르네 학파

레비스트로스는 유일한 구조주의자가 아닐 뿐 아니라 최초의 구
조주의자도 아니다. 러시아의 민속학자 블라디미르 프로프1895-
1970와 프랑스의 인도-유럽 언어학자 조르주 뒤메질George Dumezil,
1898-1986은 둘 다 레비스트로스보다 앞서 독립적으로 작업을 진행
했다. '신화와 문학'의 관계를 논의한 5장에서 요약했듯이, 프로
프는 러시아 민담들에 공통적으로 등장하는 플롯을 해명하면서,

그것을 구조라고 불렀다. 레비스트로스가 자신의 노력을 그런 플롯을 탐구하는 데 바치는 것이 무가치한 일이라고 생각했던 것과 달리, 블라디미르 프로프가 말하는 구조는 서사 수준narrative level에 남아 있다. 따라서 오토 랑크, 조셉 캠벨, 래글런 경卿 등이 발견한 종류의 '구조'와 전혀 다르지 않다. 그와 대조적으로, 뒤메질이 해명하려고 하는 '구조'는 레비스트로스의 구조만큼이나 표면적 단계 아래에beneath the surface level 있는 것이다. 그러나 그것은 레비스트로스가 말하는 그런 정신의 질서가 아니라 사회적 질서를 반영하며, 그 사회적 질서는 [의식과 무의식] 두 부분이 아니라 세 부분으로 이루어져 있다. 그의 이론은 8장에서 자세하게 고찰될 것이다.

루이 제르네Louis Gernet가 영감을 주고 장피에르 베르낭Jean Pierre Vernant, 1914-2007이 이끈 일군의 프랑스 고전학자들은, 비록 수정을 거치기는 하지만, 레비스트로스의 구조주의를 가장 충실하게 따른 사람들이다. 레비스트로스는 신화를 다양한 문맥, 즉 사회적, 문화적, 정치적, 경제적, 심지어 성적인 문맥으로부터 분리시켰다는 이유로 자주 비난을 받아왔다. 아스디왈 신화를 분석하는 글에서, 레비스트로스는 지리적, 경제적, 사회적, 그리고 우주론적 요인을 조사하고, 나아가 그것을 통합하여, 신화에 대해 민족지학적으로 세밀한 분석을 가한다. 그러나 레비스트로스는 그

신화와 구조

런 분석을 다른 어느 글에서도 보여주지 않는다. 장피에르 베르낭과 그의 동료 고전학자들, 특히 마르셀 데티엔, 피에르 비달나케Pierre Vidal-Naquet, 니콜 로로Nicole Loraux 등은 레비스트로스의 아스디왈 신화 분석을 자신들의 모델로 받아들인다. 레비스트로스의 후계자로서, 이들 고전학자들은 대개는 신화 안에 잠재되어 있는 내재적 양상들을 해독하고, 이 양상들을 문화 일반과 연결시키려 했다.

마르셀 데티엔, 아도니스에 관하여

레비스트로스의 충실한 제자였던 프랑스 고전학자 마르셀 데티엔1936-은 『아도니스의 정원』이라는 제목을 가진 책 전체를 아도니스의 신화를 연구하는 데 바쳤다. 프레이저의 아도니스가 한 사람의 신god이라기보다는 비인격적 힘impersonal force이었다면, 데티엔의 아도니스는 신god이라기보다는 인간human이다. 프레이저의 아도니스는 식물을 상징하지만, 데티엔의 아도니스가 상징하는 것은 한 종류의 식물이다. (여기서 상징한다는 말보다는 연관된다는 표현이 더 낫겠다.) 프레이저의 경우 아도니스는 식물처럼 매년 죽고 다시 살아나지만, 데티엔의 경우 아도니스는 그와 연관된 식물처럼 빨리 성장하고 그래서 언제나 빨리 죽는다. 무엇보다, 프레이저는 이 신화의 의미를 플롯, 즉 아도니스의 탄생과 성장, 죽음, 부활이라는 줄거리 전개 자체에서 찾는다. 그러나 데티엔은 플롯을 구성하는 여러 요소들, 즉 인물의 성격, 장소, 시대, 사건 사이의 변증법적 관계 안에서 그 신화의 의미를 찾으려고 한다.

레비스트로스를 따르는 데티엔은 구성 요소들 사이의 변증법적 관계는 수많은 차원들, 즉 음식 섭취에 관한, 식물학적, 천문학적, 계절적, 종교적, 그리고 사회적 차원들 위에 자리 잡고 있다. 각 차원마다 두 극단 사이에 하나의 중간 지점이 존재한다. 그리고 차원들은, 프로이트나 융의 이론에서처럼 의식과 무의식의 관계 사이에 서로를 상징하는 그런 방식으로, 서로를 상징하는 것이 아니라 서로 병행적으로 대응한다. 예를 들어, 음식 섭취의 차원에 속하는 여러 요소들 사이의 관계는 식물학 차원에서도 비슷하게 나타난다. 더구나, 음식 섭취의 차원에서는, 향신료가 한 쪽 끝에 오고 상추나 날고기가 다른 쪽 끝에 놓이며 그 두 극단 사이에 곡물과 익힌 고기가 놓이는 것처럼, 각각의 요소는 다른 요소와 밀접하게 연결된다.

데티엔은 먼저 향신료를 신과 연결시킨다. 그리고 곡물과 익힌 고기를 인간과 연결시키며, 상추와 날고기는 동물과 연결시킨다. 향신료는 신들에게 희생 제사를 바치는 동안 태워진다. 그 향기는 신에게 올라가고, 신들은 그것을 흠향하는데, 신에게 냄새

신화와 구조

는 음식에 상응한다. 고기는 태워지지 않고 요리되기 때문에 인간에게로 가고, 동시에 인간은 곡물을 경작한다. 구워진 고기가 향기의 형태로 신들에게 가듯이 날고기는 동물에게 간다. 그리고 데티엔은 어떻게든 동물과 상추를 연결시키려고 한다. 또한 향신료는 태양과의 관계 때문에 신들과 연결되며, 그리스 식의 상상력에 따라 그것은 땅 위의 가장 높은 장소인 올림포스 산과 연결된다. 향신료는 태양에 의해 태워질 뿐 아니라, 태양과 가장 가까운 장소와 시기인 여름에 성장한다. 그와 대조적으로 상추는 차가운 식물이다. 따라서 상추는 가장 추운 장소와 시간과 연결된다. 바다와 지하세계, 땅 아래의 세계와 겨울이 그것이다. 고기를 날것으로 먹는 것은 그것을 '차가운' 채로 먹는 것이다.

한 쪽에는 향신료를 놓고 다른 한 쪽에는 상추 및 날고기를 놓는다. 그리고 그 중간에 곡물과 익힌 고기를 놓는다. 인간이 고기를 태우거나 날것으로 먹지 않고 반드시 익히는 것처럼, 곡물이 성장하기 위해서는 태양이 너무 강해도 안 되지만 없어도 안 된다. 곡물은 땅 위도 아니고 땅 아래도 아닌, 땅 위에서 성장한다. 향신료는 여름에 수확하는 반면, 상추는 겨울쯤 수확하며, 곡물은 그 중간인 가을에 수확한다.

향신료는 또 다른 이유 때문에 신들과 연결되어 있다. 향신료는 경작의 대상이라기보다는 채집물이기 때문에 노동을 필요로 하지 않는다. 따라서 향신료는 신들의 삶과 어울린다. 반대로, 동물은 자기들이 구한 것을 먹기만 하고 일하지는 않는다. 그러나 신들은 자신들이 원하는 것을 먹는다. 동물은 단지 자신들이 찾아낸 것만을 먹을 수 있다. 신들은 먹기 위해 일할 필요가 없다는 점에서 인간보다 우월하다. 그러나 동물은 일하지는 않지만, 인간보다 열악한 것을 먹는다. 인간은 그 중간에 위치한다. 인간은 먹기 위해 일해야 하지만, 인간은 일하기만 하면 충분히, 대개는 충분하지 않지만, 먹을 것을 갖게 된다. 그리스 시인 헤시오도스가 그리는 황금시대에 인간은 일하지 않고 충분한 것을 누렸기 때문에 신과 동일한 존재였다. 그러나 미래에, 동물들처럼, 인간 역시 일하기를 거부하고 굶주리게 될 것이다.

향신료는 신뿐만 아니라 혼음promiscuity과 연결되기도 한다. 데티엔은 그런 문란한 성관계나 혼음을 신적인 특권으로 만들려고 하지 않는다. 그는, 제우스의 탈선 행동에도 불구하고, 제우스와 헤라를 완벽한 부부로 그린다. 데티엔이 보기에, 신들이 아니라 향신료의 매혹적인 향기가 혼음과 연관된다. 1년 중에서 가장 더운 여름에 행해지며 혼음 때문에 악명이 높았던 '아도니아 축제Adonia Festival'에 향신료가 널리 사용되었던 것은 우연이 아니다. 반대로, 데티엔은 상추와 날고기를 불임 및 독신과 연결시킨다. 왜냐하면, 날고기, 혹은 썩은 고기를 데티엔은 동일한 것으로 보는

신화와 구조

데, 그것이 풍기는 역한 냄새는 이성을 매혹시키지 못하고 물리치는 역할을 하기 때문이다. 렘노스Lemnos의 여인들이 그들의 악취로 남성들을 물리쳤다는 것은 우연이 아니었던 것이다.

한 쪽에는 혼음, 다른 한 쪽에는 불임과 독신이 있다. 그리고 그 둘 사이에 결혼이 위치한다. 여기서 데티엔은 결혼이 테스모포리아Thesmophoria 축제와 연결되어 있었다고 알려준다. 비록 남자들은 그 축제에서 배제되었지만, 축제는 매년 아테네에서 3일 동안 결혼을 기념하여 성대하게 열렸다. 축제 참가자들은 모두 여자였으며, 모두 기혼이었다. 아도니아Adonia의 향기와 렘노스의 악취의 중간 정도에 해당하는 다소 역겨운 냄새는 축제 기간 중에 남자들을 물리치는 역할을 했다고 한다.

데티엔은 아도니스의 삶과 아도니스에게 바쳐진 의례적 정원들을 이 모든 단계와 연결시킨다. 모든 단계마다 아도니스는 중간이 아니라 양 극단에 위치한다고 데티엔은 주장한다. 사실, 아도니스는 중간을 거치지 않고 한 쪽 끝에서 다른 끝으로 뛰어넘는다. 아도니스의 운명은 감히 신처럼 행동하려는 모든 인간의 운명을 상징한다. 그 결과 그는 동물로 격하되고 만다. 감히 그는 문란한 성관계를 시도했으나 결국 성적으로 무능해지고 마는 것이다.

구조주의자로서 데티엔에게, 각 단계의 극단들은 아도니스

신화란 무엇인가

의 삶을 **상징하는**symbolize 것이 아니라 아도니스의 삶에 **대응한다**parallel. 각 단계에서 양 극단과 중간 지점의 관계는 아도니스와 정상인의 관계와 같다. 프레이저가 아도니스의 신화를 자연의 비인격적 힘을 상징하기 위해 인간을 사용한 것이라고 본 반면, 데티엔은 이 신화가 자연의 비인격적 힘을 인간 행동과 유사한 것으로 보았다고 생각한다.

'아도니아 축제' 기간 동안 가꾸어지는 아도니스의 정원은 노동을 거의 필요로 하지 않는다. 그곳의 식물은 씨를 뿌리자마자 자란다. 그 식물을 돌보는 것은 아무런 힘도 들이지 않고 살아가는 신들의 삶에 부합한다. 사실 이 정원은 신들의 향신료와 같다. 그곳의 식물은 단지 거두어들일 뿐 경작할 필요가 없다. 그리고 그것은 가장 더운 장소에서 가장 더울 때에 성장한다. 식물은 여름의 최절정에 지붕으로 옮겨진다. 일반적인 곡물이 성장하는 데는 8개월이 걸리지만, 이 식물들은 단지 8일이면 다 자란다. 보통 곡물을 가꾸기 위해서는 남자의 힘이 필요한 반면, 이 정원을 가꾸는 데는 여자만으로 충분하다. 그러나 향신료와는 달리 이 정원의 식물은 싹트자마자 죽는다. 일반적인 곡물과는 달리 이 정원의 식물은 먹을 것을 만들지 못하고 바로 사라진다. 그것은 땅 위에서 시작되지만, 땅 아래에서 끝나고, 바다 속으로 버려진다. 간단히 말하자면, 그 정원은 노동 없이 먹을 것을 얻는 '일확

신화와 구조

천금'의 헛된 꿈의 도식을 보여준다. 신들은 일할 필요가 없지만, 인간은 일해야 한다. 인간이 정상적인 음식 대신에 '빨리 자라는 음식fast food'을 찾게 되면, 어떤 음식도 얻을 수 없게 되는 것이다.

아도니스 자신은 미르myrrh 나무가 되어버린 자기 어머니 미르하Myrrha를 통해 향신료와 연결된다. 아도니스의 잉태는 몰약나무 안에서 일어나고, 그의 출생은 그 나무를 부수고 나오기를 요구한다. 오비디우스의 버전에서는, 나무 요정이 아도니스 어머니의 눈물로 만들어진 몰약으로 아기 아도니스를 목욕시키는 이야기도 나온다. 더 중요한 것은, 아도니스가 혼음을 통해 향신료와 연결된다는 사실이다. 자신의 욕망을 제어할 수 없었던 아도니스의 어머니가 자신의 아버지와 근친상간을 범한다. 아폴로도로스 버전에 따르면, 자신들의 욕망을 억누를 수 없었던 아프로디테와 페르세포네는 어린 아도니스를 보호하겠다고 서로 다툰다. 데티엔은 아도니스가 여신들의 유혹에 빠진 무고한 피해자가 아니라 여신들을 유혹한 자라고 본다.

아도니스는 조숙한 유혹자이다. 그는 아도니스의 정원처럼 빨리 자란다. 그러나 또한 그는 정원처럼 빨리 죽는다. 정원이 너무 빨리 죽어서 먹을 것을 남기지 않는 것처럼, 아도니스도 너무 어려서 죽기 때문에 아이를 만들 수 없다. 그의 삶은 문란한 성관계로 시작해서 자식 없이 끝난다. 반대로, 아도니스의 어머니는 처음에는 불임 또는 최소한 금욕적인 사람이었지만, (그녀는 모든 남성을 거절했다), 성적으로 문란한 사람이 된다. 한 극단에서 다른 극단으로 건너뜀으로써, 어머니와 아들은 결혼이라는 가운데 지점을 거부하거나 위협한다.

아도니스의 불임은 자식 없음childlessness의 형태로 뿐 아니라 여성스러움effeminacy의 형태로 나타난다. 그가 멧돼지 때문에 죽었다는 사실은 그가 남성적 사냥에 부적합했음을 보여준다. 그는 사냥꾼 대신에 사냥감이 된 것이다. "아도니스는 헤라클레스와 같은 전사적 영웅의 완벽한 정반대로서, 동정을 받을 정도로 연약한 희생물에 불과하다." 아도니스의 여성스러움은 남성과 여성 사이의 불충분한 거리를 나타낸다. 그의 어머니가 처음에 모든 남성을 거부했던 것은 그 반대를 나타낸다. 궁극적인 이상은 역시 중간에 있다. 남성과 여성은 구별되어야 하지만, 여전히 관련을 가져야 한다.

데티엔은 아도니스의 문란한 성관계를 향신료와 연결시키고, 더 나아가 아도니스의 불임과 죽음을 상추와 연결시킨다. 이 신화의 다른 버전들에서 아도니스는 멧돼지를 피하려고 애써보지만 실패하는 것으로 이야기된다. 그리고 몰약은 성적 흥분을, 상추는 불임 또는 성적 무능을 유발한다.

요약하자면, 아도니스는 자기가 있어야 할 자리를 모른다. 그는 자신이 신도 아니고 동물도 아니며, 인간이라는 사실을 모른다. 또한 결혼이 인간만의 특별한 행위라는 사실도 모른다. 그는 결혼하기 전에 죽었기 때문에, 자신의 인간 본성을 완성하는 데 실패한다.

데티엔은 이 신화의 의미가 거의 끝없는 일련의 단계를 제시하는 것이라고 보았다. 그리고 그 신화의 기능은 사회적인 것이라고 보았다. 그런 사회적 기능은 한 쪽 극단에서의 난교와 다른 한 쪽 극단에서의 불임, 또는 독신 사이의 중간 지점에 위치하는 결혼을 옹호하는 것이었다. 이런 데티엔의 견해는 다음의 8장에서 살펴보게 될, 폴리스의 마지막 보루인 결혼을 지지하는 것과 연결된다.

신화란 무엇인가

8

신화와 정치

일부 신화 이론들은 신화를 정치적인 것이라고 해석한다. 그러나 물론 그렇지 않은 이론도 있다. 타일러와 프레이저는 신화가 사회적 세계가 아니라 물리적 세계에 관한 것이라고 본다. 따라서 그들은 신화 안에서 정치적 요소를 찾는 시도를 하지 않는다. 그럼에도, 프레이저는 최소한 냉소적으로 지적인 변화를 정치적 변화와 결부시킨다. 주술사들이 왕이 되고, 그들의 '부와 권력이 점차 상승한다.' 나중에 성직자가 주술사를 계승하고, 스스로 왕이 되며, 단순한 인간이 결국에는 신성을 획득한다. "신이 인간의 형상으로 성육화incarnation될 수 있는 가능성에 대한 믿음을 가진 공동체 안에서, 왕은 다른 어떤 계급도 누리지 못한 것을 누릴 수 있게 된다." 프레이저는 심지어 "민주주의로 시작하여

신화와 정치

전제주의로 끝나는 위대한 사회적 혁명"에 대해 쓰기도 한다.

브로니슬라브 말리노프스키

이미 4장에서 논의한 것처럼, 말리노프스키는 신화가 홍수, 질병, 죽음과 같은 물리적 현상에 못지않게 결혼, 세금, 의례와 같은 사회적 현상들에 대해 자주 언급하고 있다는 사실을 지적한다. 신화는 인간이 삶에서 만나는 부담스러운 사건들과 화해하게 만드는 역할을 하지만, 물리적인 현상과는 다른 그런 인간적 고난들로부터 벗어날 수 있도록 도와주기도 한다. 신화는 그런 고난들의 시간적 처음으로 거슬러 올라감으로써 그것을 순순히 받아들이도록 권유한다.

의례, 예식, 또는 사회적 혹은 도덕적 규칙이 정당화를 요구할 때, 신화는 태고성, 실재성, 존엄성을 보증하는 기능을 작동시키기 시작한다.

신화는 주민들이 사회 안의 계급을 존중하도록 설득하는데, 그런 설득은 사회적 계급이 오래전부터 존재해왔고, 또 그런 의미에서 가치가 있다고 말해줌으로써 가능해진다. 영국의 군주 제도에 관한 신화는 군주 제도가 대단히 오래된 것이라는 사실을 설득하고 따라서 함부로 그것을 바꾸는 것은 전통을 함부로 바꾸는 일이 된다고 말하면서, 그것을 유지하려 한다. 오늘날 영국에서 여우 사냥을 옹호할 때, 그것이 오랫동안 지역민의 삶의 일부가 되어왔다는 사실에 근거를 구하는 것과 같은 원리다. 사회적 신화들은 '이것이 옛날부터의 방식이기 때문에 그렇게 하는 것이 옳다'라고 말한다. 물리적 현상의 경우에 신화의 수혜자는 개인이다. 사회적 현상의 경우, 수혜자는 사회 그 자체다.

신화가 현상의 기원을 추적한다고 말하는 것은 신화가 그 현상들을 설명한다고 말하는 것과 같다. 따라서 말리노프스키는, 타일러와 같은 이론가들을 비난하면서, "설명 욕구의 부재에 상응하는 원인론적 신화"가 존재한다는 "오늘날의 신화학적 이론"에 대해 반박하면서, 신화는 실제로 그 자체로 설명이 아니라는 주장을 전개한다. 그러나 신화는 무엇보다 설명이라는 사실을 부정할 수 없으며, 그런 설명을 통해서만 신화는 화해적인 기능을 달성할 수 있다.

현대인들이 신화를 가지고 있는지에 대해, 말리노프스키는 분명한 입장을 밝힌 적이 없다. 현대 과학이 원시적 과학보다 물질 세계에 대한 통제 능력을 훨씬 더 많이 제공하기 때문에, 물질현상에 대한 현대 신화의 수가 많지 않은 것은 분명한 사실이다. 하지만, 물질현상에 대한 현대 신화는 없을 수 있지만, 사회적 현상

신화와 정치

에 대한 현대 신화는 여전히 만들어질 수 있다. 사회적 현상에 대해서 신화가 만들어지지 않을 때에는, 이데올로기가 그 자리를 대신하게 된다.

조르주 소렐

프랑스의 조합주의자 조르주 소렐Georges Sorel, 1847-1922은 『폭력의 성찰Reflections on Violence』에서 신화를 그 자체로 하나의 이데올로기라고 보는 관점을 제시한다. 소렐의 경우, 신화는 원시적인 것에 그치지 않고 현재와 미래에도 영원히 만들어질 수 있다. 말리노프스키와 정반대로, 소렐은 신화가 사회를 지탱하기 위해 만들어지는 것이 아니라 사회를 무너뜨리기 위해 만들어지는 것이라고 주장한다. 소렐은 사회주의의 이상을 건립하는 유일한 방법이 폭력과 신화, 혹은 그 둘을 모두 활용하는 혁명이라고 주장한다. 그가 '폭력violence'이라는 말로 의미하는 것은 피를 흘리는 재난이 아니라 강력한 행동이다. 그는 가장 핵심적인 '폭력' 행동이 모든 근로자들이 참가하는 동맹파업이라고 말한다. 그리고 그는 '신화'라는 말로 현재의 지배적인 이데올로기를 지칭한다. 이데올로기로서 신화는 현재의 사회가 절박하게 필요로 하는 종말을 선포하고, 목숨을 걸고 지배 계급과 싸우는 것을 선전하며, 반란자를 영웅으로 만들고, 승리의 확신을 선언하며, 미래 사회를 위

신화란 무엇인가

한 도덕적 표준을 지지한다.

이 연구 과정에서 항상 내 마음을 떠나지 않았던 사실 하나는 …
거대한 사회 운동에 참여하는 사람들은 항상 자신들의 다음 행동을
전투라고 묘사한다. 그리고 그들은 그 전투에서 반드시 승리한다고
주장한다. 나는 이러한 구조를 … 신화라고 부르기를 제안한다. 노
동조합주의자의 '총파업'과 마르크스의 '대혁명'이 바로 그런 신화에
속한다.

소렐은 찰스 1세를 제거하고 사회적 개혁을 맹세했던 올리버
크롬웰의 결의가 신화의 전형이라고 주장할 것이다. 소렐은 혁
명이 성공하기 위해서는 폭력과 신화, 둘 모두가 필요하며, 혁명
을 위해서 그것이 정당화된다고 주장한다. 그는 마르크스주의자
들의 분석을 포함하여 신화에 대한 모든 중립적, 과학적 분석을
거부한다. 그는 추종자들의 헌신으로 인해 혁명이 가능해진다는
이유로 마르크스주의 자체를 신화라고 본다. 신화의 진실성에
대해 무관심하다는 의미에서, 소렐은 말리노프스키와 비슷하다.
그들은 신화가 진실이라고 믿어질 때 비로소 작동한다고 본다.
소렐의 경우, 신화의 궁극적 진실, 즉 혁명의 성공은 어떤 방식으
로든 미리 알 수가 없는 것이다.

말리노프스키는 신화가 사회적 순응을 정당화한다는 점에서 이데올로기와 다르지 않다고 본다. 소렐에게 신화는 사회에 대한 저항을 정당화한다는 점에서 이데올로기와 다르지 않다. 소렐의 이론은 아도니스의 신화를 전체적으로 설명할 수 없다. 아도니스는 혼자서 행동하며, 능동적인 행위자가 아니라 수동적인 희생자에 더 가깝고, 어떤 이데올로기에 입각하여 움직이지 않기 때문이다. 하지만, 소렐의 이론은 오늘날의 테러리스트들에게 꼭 들어맞는다. 테러리스트들의 신화는 지배적인 힘이자 악마적인 미국을 타도한다는 목표의 첫 단계로서 9 · 11 사태를 정당화했다. 그러나 소렐의 이론이 실제로 어떤 신화를 얼마나 해명할 것인지 추측하기는 쉽지 않다. 소렐은 신화라는 용어를 이데올로기를 파악하는 수단으로 사용하고 있는 것이다.

에른스트 카시러

카시러Ernst Cassirer는 신화가 원시적일 뿐만 아니라 현대적이라고 본다. 히틀러의 독일을 피해 미국으로 이주한 카시러는 현대적 정치 신화, 특히 나치즘의 신화에 초점을 맞추었다. 여기에서 '신화'라는 개념은 실제로 '이데올로기'를 가리킨다. 추상적이고 인식론적인 주제를 중심으로 사유했던 카시러가 이제는 "정치 신화가 어떻게 만들어지고 또 어떻게 유지되는가?"라는 전투적이

신화란 무엇인가

고 사회과학적인 주제에 관심을 기울이게 된 것이다. 신화의 비이성성을 강조하는 레비브륄을 조롱했던 카시러가 이제는 그 문제가 중요하다는 사실을 인정하게 된 것이다.

인간의 사회생활에서 아주 중요한 순간마다, 낡은 신화적 개념들이 다시 힘을 얻게 되는 현상에 저항하는 이성적 세력은 더 이상 자신에 대해 확신을 가지지 못하게 된다. 바로 이런 순간에, 신화가 힘을 갖게 되는 시간이 도래한다.

카시러는 신화를 주술과 연결시키고, 그 주술을 사회적 세계를 통제하려는 필사적인 노력과 연결시키면서, **원시** 신화에 대한 말리노프스키의 해석을 현대 신화에 적용한다. 실제로 그는 현대 신화를 원시주의의 현재적 부활이라고 해석한다.

이전에 카시러는 신화를 유사철학quasi-philosophy으로 보았지만, 이제 그는 신화를 철학과 분리시킨다. 신화는 이제 캐내고 해명해야 할 독특한 논리를 가진 지식에 불과하다. 이제 철학에 남겨진 주변적인 역할은 정치 신화에 도전하는 것이다.

정치 신화를 완전히 파괴하는 것은 철학의 힘을 넘어서는 일이다. 신화는 어떤 의미에서 죽지 않는 것이다. 그것은 합리적 논의에

무감각하고, 삼단논법으로는 물리칠 수 없는 대상이다. 그러나 철학은 전혀 다른 중요한 기여를 할 수 있다. 우리로 하여금 신화라는 적을 이해할 수 있게 만들어 주는 것이다. … 처음 우리가 정치 신화를 마주했을 때, 그것이 너무나 조리가 없고 앞뒤가 맞지 않으며 지나치게 공상적이고 아리송해서 그것들을 진지하게 대해야겠다고는 도저히 생각할 수가 없었다. 그러나 이제 와서 보니, 그런 태도가 대단히 큰 잘못이었음이 분명해졌다. … 우리는 정치 신화의 기원과 구조, 그것의 방법론과 기법들을 주의 깊게 연구해야 한다. 적과 싸우는 방법을 알기 위해서는 적을 똑바로 바라보아야 하는 것이다.

정치 신화에 대한 연구가 어떻게 사회과학이 아니라 철학의 임무로 될 수 있는지 이해하기는 쉽지 않다. 여기서 신화는 단순히 전前-논리적인pre-logical 것이 아니라 완전히 비논리적인 것이 된다. 이것은 카시러가 레비브륄을 혹평했던 것보다 더 극단적인 입장이다!

뒤메질

7장에서 구조주의자를 논의할 때 언급된 조르주 뒤메질은 신화 일반에 대한 논의를 전개하지 않고, 인도-유럽 신화에 국한된 논의를 전개하기 때문에 일반적인 신화 이론가라고는 볼 수 없을

신화란 무엇인가

수도 있다. 게다가, 그는 자기 영역의 독자성을 고집한다. 그럼에도 불구하고, 그가 다루는 분야는 광범위할 뿐 아니라 다양한 문화를 아우르기 때문에, 여러 연구자들이 그의 이론을 다른 분야에까지 확장하려고 시도해 왔다.

뒤메질은 인도-유럽 종교, 나아가 신화와 신들의 기원을 사회 구조 안에서 발견하려고 한다. 그리고 그는 종교와 신화가 인도-유럽 사회의 기초가 된다고 주장한다. 뒤메질은 기본적으로 사회학자였다. 그는 플라톤이 『국가』에서 말했던 바를 따라서 인도-유럽 사회가 세 개의 계급으로 구성되어 있다고 분석한다. 최상층에는 성직자 계급이 있고, 중간층에는 전사 계급, 최하층에는 목동과 농부 계급이 존재한다. 그러나 플라톤과 달리 뒤메질은 이러한 사회구조의 근원을 우주적 원리에서 끌어내지 않고 사회적 원리 안에서 찾으려고 한다. 각 계급 또는 '계층stratum'은 각각 독자적인 '기능'을 가지고 있었다. 뒤메질에 따르면, '기능'은 하나의 계급이 독자적인 임무를 실천하는 방식에 의해 규정된다. 각각의 계급은 자신만의 고유한 신화와 신들을 가지고 있으며, 신들과 신화는 그 계급의 기능을 반영한다. 세 계급이 하나의 구조를 형성하면서 뒤메질이 '인도-유럽 이데올로기'라고 부르는 것을 구성한다. 신화는 그런 구조를 단순히 정당화하는 것에 그치지 않고 그런 구조를 '표현하는' 역할을 한다.

뒤메질의 비판자들은 독자적인 '인도-유럽 이데올로기'가 존재한다고 주장하는 뒤메질 자신이 그런 이데올로기의 지지자라는 사실, 나아가 그가 제시한 고대 이데올로기의 특징들이 곧바로 현대의 파시즘과 연결되어 있다는 사실을 지적한다. 뒤메질 자신은 프랑스인이었지만 이탈리아와 독일에서 파시즘이 절정에 도달하던 시기에 그의 작품을 쓰기 시작했다. 『아리아족의 우상들Ayran Idols』이라는 책에서 스테판 아르비슨Stefan Arvidsson은 파시즘의 발흥에 대한 뒤메질의 책임을 다음과 같이 요약한다.

뒤메질의 작품은 파시스트가 꿈꾸던 이상 사회, 즉 조화롭게 통합되면서 동시에 지도자, 군인, 노동자로 구분되는 계층 사회에 역사적 배경과 정통성을 부여하기에 이른다. 선사 시대의 인도-유럽인들이 세 개의 계급 구조에 따라 사회와 세계를 보는 관점을 구성했다는 것을 지적함으로써, 뒤메질은 파시즘의 이상이 옛날부터 존재했던 자연스러운 것이라고 받아들여지기를 기대했다.

실제로 뒤메질은 '아리안Aryan'이라는 단어를 '인도-유럽'과 같은 것으로 사용했으며, 유대교 및 기독교적인 자유주의와 인도-유럽적인 입장을 대립적인 것으로 표현하기도 했다.

신화의 세계에서는, 국가 신화가 지역 신화보다 더 일반적이다. 신이 자신들의 국가를 만들어 주었다는 이야기를 가진 국가는 대단히 많다. 국가가 일으키는 전쟁과 정복은 그들의 신화에 의해 정당화된다. 다른 나라와 경쟁하는 스포츠 경기에서도 자신들의 나라와 신이 연결되어 있다는 사실을 상기시키는 국가國歌가 울려 퍼진다. 미국인은 오랫동안 자기들의 나라가 새로운 에덴이라고 믿었으며, 그런 믿음은 「창세기」 3장에 근거를 두고 있다. 이스라엘 사람들은 이스라엘이라는 국가가 「창세기」 12장에서 신이 아브라함에게 했던 약속에 기원을 두고 있다고 믿는다.

르네 지라르

프레이저의 신화-의례 이론에 대한 르네 지라르René Girard의 입장은 이미 5장에서 다룬 바 있다. 지라르는 신화와 의례 사이의 관계뿐 아니라 신화와 의례의 기원과 기능까지도 변화시켰다. 신화와 의례는 식량을 확보하기 위해서가 아니라 평화를 확보하기 위해 발생한 것이다. 희생 제물은 그가 왕이든 일반인이든 겨울을 끝내기 위해서가 아니라 폭력을 끝내기 위해 바쳐진다. 소렐은 폭력이 **해결책**이라고 보았지만, 지라르는 폭력이 해결되어야 할 **문제**라고 보았다. 신화와 의례는 자연의 어려움을 이겨내는 수단이 아니라 인간의 본성, 즉 인간의 공격성을 극복하기 위한 방법이다.

신화와 정치

지라르는 『폭력과 성스러움*la Violence et le Sacré*』에서, 래글런이나 랑크와 마찬가지로, 오이디푸스를 자기 이론의 가장 모범적인 사례로 인용한다. 지라르는 오이디푸스가 왕으로 있던 동안 테베를 괴롭힌 전염병이 그가 일으킨 것이라고 볼 수 없다고 말한다. 사실 오이디푸스 자신은 무고한 희생자에 불과하다. 전염병이 아예 발생하지 않았을 수도 있다. 나아가 전염병이 사회적 혼란의 원인이 되었던 것은 아닐 수도 있다. 전염병은 어쩌면 그 사회에 세균처럼 퍼져있던 폭력성에 대한 은유일 수도 있다. 테베 사람들 사이에 만연해 있던 폭력성은 소포클레스의 비극의 주인공인 오이디푸스, 크레온, 테이레시아스, 세 사람 사이의 긴장을 통해 분명하게 드러난다.

폭력을 종식시키고 사회를 보호하는 유일한 방법은 무력한 사회 구성원들을 희생양으로 만드는 것이다. 비록 오이디푸스는 왕의 자리에 있지만 그는 이중적으로 오명을 쓰고 있고, 따라서 그만큼 무력한 존재다. 그는 여전히 자신이 테베 사람이라는 사실을 모르고 있으며, 그가 쓰고 있는 왕관은 조상으로부터 물려받은 것이 아니라 스핑크스를 물리침으로써 얻은 것이다. 따라서 그는 여전히 국외자이다. 그리고 그는 다리를 전다. 태어나자마자 그의 아킬레스건에 구멍을 낸 결과이다. 오이디푸스가 파멸한 직후에 만들어진 이 신화는 그를 비난하면서 공동체의 책임을 면책해주는 역할을 한다. 신화는 그가 자신의 아버지를 죽였고 어머니와 결혼했으며, 테베가 현재 겪고 있는 전염병은 오이디푸스의 부친 살해와 근친상간 때문이라고 말한다. 또는 소포클레스의 테이레시아스가 그렇게 주장한다.

실제로, 르네 지라르에 따르면, 테베 사람들은 사회의 붕괴에 대한 책임이 누구에게 있는지에 대해 오이디푸스의 주장보다는 테이레시아스와 크레온의 주장을 받아들이기로 단순하게 결정했다. 그리고 그 뒤에 이어지는 신화는 승리자의 주장을 확고한 진실로 바꾸어 놓고 있을 뿐이다.

종교를 믿었던 테베 사람들은 그 신화를 공식적으로 승인함으로써 자신들이 앓고 있던 질병이 치료되었다고 믿고 싶었다. 그 신화는 최근에 도시를 대소동으로 몰아간 사건의 이유를 밝혀주는, 의문의 여지가 없는 진실이 되었고, 새로운 문화적 질서를 향한 선언이 되었다. 요컨대, 그들의 모든 불행이 전적으로 그 전염병 때문에 발생한 것이라고 스스로를 납득시킨 것이다. 이러한 태도는 대리 희생자가 유죄라고 믿는 절대적 믿음을 요구한다.

오이디푸스 개인이 아니라 집단적 폭력이 문제의 실제 원인이라는 사실이 나중에 이어지는 사건들에 의해 밝혀진다. 시간이

신화와 정치

지나면서 전염병은 끝나지만, 크레온과 오이디푸스의 아들 폴리니스, 그리고 오이디푸스의 또 다른 아들 에테오클레스 사이에 왕위를 둘러싼 싸움이 벌어진다. 지라르에 따르면, 소포클레스는 신화에 도전하고 있지만 표면적으로 그런 태도를 드러낸 적은 없었기 때문에, 그 연극은 일반적으로 신화가 극화된 버전이라고 받아들여져 왔다. 해리슨과 머레이를 포함한 많은 연구자들이 그런 입장을 취하고 있다. 그러나 르네 지라르는, 탁월한 통찰력을 발휘하여, 소포클레스의 희극 자체가 승리자가 만든 신화에 대한 도전이라고 평가한다.

그러나 『콜로누스의 오이디푸스』로 이어지는 신화는 테베에서 발생한 재앙에 대한 책임을 오이디푸스에게 전가하는 것에서 더 나아가, 오이디푸스를 영웅으로 바꾸어 놓는다. 오이디푸스는 여러 가지 면에서 영웅적이다. 스스로 왕위에 있던 오이디푸스는 백성에게 닥친 전염병을 제거하는 것이 자신의 의무라고 생각한다는 점에서, 살인의 용의자가 누구인지 발견해 낼 것을 명령한다는 점에서, 그리고 자신이 바로 그 용의자라는 사실을 발견했을 때 스스로 추방되기를 선택한다는 점에서, 그는 영웅이다. 그러나 지라르에게 진짜 영웅이란 스스로를 희생하는 오이디푸스가 아니라, 래글런의 경우와 같이 의기양양한 기품을 가진 인물이다. 오이디푸스는 비록 용의자이지만 테베를 구할 수 있는 힘을 가지고 있다. 그가 출현이 전염병을 야기했던 것처럼, 그의 떠남이 상황을 종결한다. 그는 범죄자였던 동안에도 영웅이다. 그는 전염병을 가져 오기도 하고 종결시키기도 하는 신과 같은 힘을 가지고 있다.

그러나 『콜로누스의 오이디푸스』가 등장한 시대에 이르면 오이디푸스의 지위는 상승해 있었다. 여러 해 동안의 방랑을 거친 후에, 아테네 근처의 콜로누스에 도착한 오이디푸스는 이제 테베로 돌아와 달라는 요청을 받는다. 오이디푸스의 추방으로 인해 테베에 평화가 찾아온 것처럼, 이제는 그의 귀환으로 인해 테베의 평화가 찾아올 것이라는 기대가 있었던 것이다. 그러나 그는 거절한다. 우리는 오이디푸스가 테베에 남는 것을 원했었지만 실제로는 크레온과 다른 사람들에 의해 강제로 테베에서 추방되었다는 사실을 알고 있다. 이제 크레온은 강제로라도 그를 테베로 데려오려고 준비한다. 그러나 테세우스 왕은 오이디푸스에게 은신처를 제공한다. 돌아오는 길에, 오이디푸스는 아테네에서 자신이 묻히는 장소가 테베로부터 아테네를 보호해 줄 것이라고 선언한다. 요컨대, 오이디푸스는 『오이디푸스 왕』에서는 테베의 신적인 왕으로 시작했으나, 『콜로누스의 오이디푸스』에서는 아테네의 신적인 후원자로 끝난다.

신화와 정치

아도니스

고대 그리스인들은 심리적 미성숙을 정치적 미성숙과 연결시켰다. 어른이 되지 못한 아도니스는 결국 그가 한 사람의 독립적인 시민으로 성장하지 못했음을 의미했을 것이다. 구체적으로는 그는 어떤 책임도 지지 않는 정부 형태, 즉 정치적으로 아직 유아기에 머물러 있는 전제 정치의 상황에 정확히 들어맞는 인물인 것이다. 어머니 같은 여신들에 대한 아도니스의 순종은 모계사회의 상황을 반영한다. 아도니스는 오로지 강한 힘을 가지고 억압하는 여성들만을 경험했기 때문에, 모든 여성들에게 이러한 강압적 힘을 투사하고 나아가 그들에게 절대적으로 순종한다.

가족은 개인과 폴리스 사이의 연결로 구성되며, 도시국가인 폴리스는 남성 시민에 의해 운영된다. 헤로도토스가 서술하는 것처럼, 심지어 통치자까지도 법의 지배를 받는 그리스 폴리스와 통치자가 법 위에 군림하는 동방의 전제국과의 대조는 그들 가족의 삶에도 그대로 적용된다.

아도니스는 전제 군주처럼 가정생활이 불가능하므로, 시민권을 받을 수가 없다. 한편으로, 결혼한 적도 없고, 아이도 없고, 젊은 나이에 죽는 아도니스에게는 부양할 가족이 없다. 다른 한편으로, 그는 태어날 때부터 가족이 없다. 그는 결혼이 아니라 근친상간의 결과로 태어났으며 아버지는 어머니를 죽이려 한다. 그

신화란 무엇인가

는 이렇듯 이중적으로 시민권을 얻는 길이 막혀있다. 그에게는 성숙함뿐만 아니라 혈통까지도 부족하며, 그 자체가 어머니의 미숙함이 초래된 결과다. 만약 헤로도토스가 가족 형성에 대한 정치적 필요성을 표명한다면, 아리스토텔레스학파의 『아테네인들의 법령』은 가족의 계보를 잇는 것에 대한 정치적 필요성을 표명한다. "시민권의 권리는 그 부모가 시민권을 가진 사람들의 것이다."

그리스인들은 미성숙을 정치뿐만 아니라 사냥에도 연결시켰다. 사냥에서 보이는 아도니스의 불행은 그의 성인기의 불행을 상징한다. 그는 사냥꾼 대신에 사냥감이 된다. 그는 사냥과 그 위험성에 대해 아무런 개념도 없다. 그는 세상을 어머니 같다고 생각하거나, 혹은 자신이 모성적인 여신들에 의해 세상으로부터 보호받고 있다고 생각한다. 그의 귀는 위험한 동물들에게는 젊음도 아름다움도 중요하지 않다는 비너스의 경고를 전혀 받아들이려 하지 않는다.

인간과 사냥꾼 사이의 연결은 인간과 시민 사이의 연결을 위한 은유가 된다. 피에르 비달나케는 『아테네인들의 법령』에 근거하여, 사냥이 아테네 젊은이들이 시민이 되기 전에 반드시 겪어야 하는 2년 동안의 병역 복무 중 핵심적인 부분이었다고 알려준다. 무엇보다, 청소년 전사들(에페베, 단수 에페부스)은 그들이 곧

수행하게 될 성인 전사들(**호플리테스**hoplites)과 반대되는 사냥 등급에 참가했다는 것이 비달나케의 주장이다. 청소년 전사들은 야간에 산에서 개인적으로 사냥했으며 오로지 그물로만 무장했다. 따라서 그들은 사냥감을 잡기 위해 자신들의 책략에 의지해야 했다. 성인 전사가 되면 창으로 무장을 하고 낮 시간에 평지에서 집단으로 사냥을 했다. 따라서 그들은 사냥감을 죽이기 위해 자신들의 용기와 기술에 의지해야 했다.

비달나케는 결코 에페부스에서 호프라이트가 되지 못한 신화적 인물 멜란토스와 멜라니온을 거명한다. 이 둘은 모두 청소년의 사냥 등급에서만 성공한다. 그러나 아도니스는 어떤 종류의 사냥에도 성공하지 못한다. 그는 멜란토스나 멜라니온처럼 단순히 청소년에서 어른으로 나아가지 못했던 것이 아니라, 어린이 단계에도 나아가지 못한 유아였던 것이다.

결론

신화를 다시 세상으로

만일 타일러와 프레이저의 입장으로 일반화가 가능하다면, 19세기의 신화 이론들은 신화를 전적으로 자연세계에 관한 것으로 보았다. 신화는 종교의 일부로 여겨졌고, 종교는 과학의 원시적 대응물로 여겨졌으며, 과학은 거의 전적으로 현대적이라고 여겨졌다. 20세기에는 타일러와 프레이저의 이론이 여러 가지 이유로 냉정하게 거부되었다. 그들의 이론이 신화를 과학과 대립적인 것으로 봄에 따라 전통적인 신화를 배제했고, 종교 밑에 신화를 둠에 따라 세속적 신화를 배제했으며, 신화의 주제 문제를 자연세계라고 생각했으며, 신화의 기능을 설명적인 것으로 생각했고, 신화는 거짓이라 여겼기 때문이다.

타일러와 프레이저에 대한 20세기의 반박 중에서 무엇보다 중요한 것은, 과학이 오면 신화는 물러나야 한다는 입장을 부정한 것이다. 20세기 이론들은 과학에 직면해서 신화를 보존하려고 도전적으로 애써왔다. 그러나 이것이 자연세계에 대한 지배적 설명으로서의 '과학'에 도전하는 것은 아니었다. 그들은 과학의 '상대화'나 과학의 '사회화' 또는 과학의 '신화화' 등 그 어떤 쉬운 길도 택하지 않았다. 오히려 그들은 다음의 두 가지 중 하나로 신화를 재규정했다. 신화는 여전히 세계에 대한 하나의 설명이기는 하지만, 이 경우, 그 기능은 과학의 기능과 다르다는 입장이다(말리노프스키, 엘리아데). 또는 심지어 신화가 자연세계에 대한 것이 아니라고 보고 상징적으로 읽는다(불트만, 요나스, 카뮈). 혹은 둘 다를 포함한다(프로이트, 랑크, 융, 캠벨). 20세기에 들어와서 신화는 신화의 재구성에 의해 과학과 화해했다. 그러나 과학의 재구성은 전혀 이루어지지 않았다. 단지 20세기 말에 이르러서야 포스트모더니즘의 출현과 함께 신화가 과학에 복종한 것에 대한 의문이 일어났다.

그들이 과학의 우월성에 도전하지 않았다면, 신화와 과학을 굳이 화해시키려고 애쓴 이유는 무엇이겠는가? 왜 그들은 19세기 관점을 간단히 수용하여 과학을 지지하고 신화 없이 지내려고 하지 않았는가? 20세기 이론의 대답은 신화를 물리적 사건에 대한 문학적 설명(타일러)이나 상징적 묘사(프레이저)로 제한하는 한 신화가 품고 있는 다른 기능과 의미의 층을 설명할 수 없다는 것이다. 신화 안에 다른 기능과 의미가 있다는 것을 보여주는 분명한 증거는 바로 신화가 오늘날에도 여전히 존재한다는 사실이다. 만일 타일러와 프레이저가 옳았다면, 신화는 이미 그 생명을 잃은 지 오래되었어야 한다. 21세기의 과제는 과학의 권위를 얕잡아 보거나 부정하지 않으면서 신화를 다시 외부의 세상으로 되돌아오게 할 수 있는가, 하는 것이다.

가이아 신화

자기조절 시스템으로서의 지구 개념을 만들어낸 사람들은 과학자들이었다. 18세기 스코틀랜드의 지질학자 제임스 허턴James Hutton, 그리고 나아가 오늘날에도 왕성하게 활동하는 1919년 출생 영국의 과학자 제임스 러브록James Lovelock이 대표적이다. 두 사람 모두 가이아 개념을 과학과 호환할 수 있는 것으로서가 아니라 단적으로 과학적인 것으로 제안한다. '가이아'라는 이름은 소설가 윌리엄 골딩William Golding이 러브록에게 제안한 것이라고 한다.

지구를 의미하는 '가이아'는 기독교의 창세기에 버금가는 헤시오도스의 『신통기Theogony』에 등장하는 최초의 신들 중 하나다. 「창세기」와 달리 『신통기』에서는 신들이 우주 이전부터 존재하지 않고 우주의 출현 이후에 만들어진다. 그 책의 제목이 '신들의 기원_{genesis of gods}'인 이유가 바로 그것이다. 「창세기」에서 신은 그가 창조하는 세상과 구분되는 존재이며, 신은 스스로 존재한다. 그러나 『신통기』의 신들은 그들이 통제하는 자연의 힘과 일치한다. 그러나 최초의 네 명의 신들인, 카오스, 가이아, 타타루스, 에로스는 태어나자마자 곧바로 충분히 발달한 인격체가 된다. 가이아는 물리적으로는 지구에서 분리되지 않지만, 사유하고 숙고하는 존재가 된다. 그러자 그녀는 신으로 인정받는다.

러브록은, 화성에는 생명체가 존재하지 않지만 지구에는 생명체가 존재한다는 차이점에 주목하면서, 자신의 책 『가이아』에서 다음과 같이 주장한다. "지구라는, 진실로 가능할 것 같지 않은 환경에 대한 유일하게 적절한 설명은 지구가 표면으로부터 매일매일의 기반 위에서 조작되고 있으며, 그 조작자가 생명체 자신이다."라는 것이다. 다른 말로 하자면, 지구는 화성과 달리 스스로를 조절한다. 지구는 디자인되었을 뿐만 아니라 스스로 자기 자신을 디자인하는 디자이너이다.

우리는 화산 활동이나 대륙 이동을 무엇이라고 판단해야 하는가? 그 두 현상 모두 우리 행성의 내부 움직임의 결과이지만, 거기에서 가이아가 일하고 있는 것은 아닐까?

신화란 무엇인가

만일 가이아가 해저를 변형시켰다면, 그것은 자연 추세를 연구하여 그녀 자신에게 유리하도록 바꾸었기 때문에 그렇게 된 것이다.

가이아 가설은 "태양계 내부를 목적 없이 운전자도 없이 영원히 돌아다니는 불안으로 허둥대는 우주선으로 그려지는 우리 행성의 우울한 그림에 대한 하나의 대안"이다. 만약 지구에 운전의 목적이나 운전자가 없는 것이 아니라면, 그 운전자는 스스로를 디자인하는 하나의 인격체, 즉 신이다. 그 '생명체'의 이야기가 다름 아닌 신화인 것이다.

그러나 러브록은 지금까지 자신의 생각이 오해되었다고 단언하기에 이른다.

[지구의] 기후와 화학 조성의 자기 조절은 완전히 자동적이다. 자기 조절은 시스템이 진화하면서 나타난다. 어떤 예견, 계획, 목적 (설계자의 제안이나 자연의 목적)도 개입하지 않는다.

여러분은 내가 계속해서 가이아를 '살아있는 지구'의 비유로 사용하고 있다는 사실을 알게 되겠지만, 그렇다고 내가 지구를 감상적인 방식으로 살아있다거나 동물이나 박테리아처럼 살아있다고 생각한다고 추측하지는 말아 주기 바랍니다.

신화가 반드시 신에 대한 이야기일 필요는 없지만 (신화는 인간과 동물에 관한 것일 수 있다), 자연세계에 관한 신화는 반드시 신에 관한 것이어야 한다. 헤시오도스의 최초의 가이아처럼 신이 자연세계와 동일할 필요는 없지만, 신은 최소한 자연세계의 일부를 통제해야 한다. 러브록이 처음에 추측했던 것처럼 신들이 계획을 갖고 있을 필요는 없지만 의도는 반드시 갖고 있어야 한다. 신들은 반드시 인격체여야 한다.

만일 러브록의 지구 가이아가 인격체가 아니라면, 지구는 신이 아니고 지구에 관한 이야기들은 신화가 아니다. 가이아 가설은 그렇다면 신화를 세상에 다시 불러오는 것은 아닌 것이 될 것이다.

러브록은 신화와 과학이 화해하기를 원한다. 그러나 그것이 어렵다면 그는 과학을 구하기 위해 신화를 폐기한다. 신화 이론가들의 선택은 따라서 19세기나 20세기 이론가들에게 주어졌던 선택과 여전히 동일하다.

러브록은 지구에 대해 염려한다. 그는 인간에게 그 책임이 있다고 믿는다. 그것은 「창세기」 1장으로 돌아가는 관점이며, 인간에게는 지구에 대한 '지배권'이 있다는 관점이다. 러브록은 인격화된 지구의 비유를 사용하여 관심을 모으려 한다. 그러나 그가 '이론'이라 부르게 되는 가이아 가설은 그것 이상이다. 그것은 지

구가 자신을 구하기 위해, 그리고 의도적으로 행하는 노력에 관
한 것이다.

역자 후기

이 책은 영국의 유명한 신화학자 로버트 시걸Robert Segal의 작은 책 『신화란 무엇인가?』(원제목은 『신화Myth』)를 번역한 것이다. 저자는 원래 종교학으로 유명한 랭커스터Lancaster 대학에서 교편을 잡고 있었지만, 최근에는 스코틀랜드의 애버딘Aberdeen 대학의 신학부(종교학과)로 자리를 옮겼다고 한다. 저자도 언급하고 있는 것처럼, 이 책의 초판은 2005년에 출간되었고, 2015년에 2판이 나왔다. 『신화란 무엇인가?』는 2판을 우리말로 옮긴 것이다. 2006년 나는 막 출간된 이 책의 초판본을 구입했고, 흥미로운 내용에 매료되어 순식간에 읽어나갔다. 그리고 그 다음 해, 가톨릭 대학교 대학원에서 개설된 "신화학" 강의를 맡아달라는 부탁을 받고, 아무런 망설임 없이 흔쾌히 수락했다. 아마 시걸의 책을 읽지 않았다면, 어떤 교재를 가지고 강의를 진행해야 할지 고민하느라 조금 망설였을지도 모르겠다.

오래 전의 이야기이지만, 내가 시걸의 책과 논문을 처음 읽은 것은 1999년 무렵이다. 서울대에서 신화학 관련 학부 교양 수업을 맡으면서, 나는 시걸이 쓴 『신화 이론화하기Theorizing about myth』(1999)라는 책(논문집)을 부교재로 선택했다. 특히 그 안에 실린 논문 「신화에 미래는 있는가Does Myth has future?」를 흥미롭게 읽었던 기억이 새롭다. 그 수업은 비교적 대형 수업이었지만, 당시의 서울대에서는 교양 수업 시간에 영어 교재를 선택하는 것에 대해 학생들의 저항감이 그다지 크지 않았던 것 같다. 10여 년이 지난 지금의 대학 교양 강의의 분위기와 비교하면 격세지감이 느껴진다.

그 당시 나는 시걸의 책과 논문 이외에도, 그가 편집한 서구 신화학의 고전적인 연구 논문을 모은 신화학 선집본을 서울대 도서관에서 복사하여 읽기도 했다. 그리고 비교종교학도로서 당연하다면 당연한 일이지만, 그의 책 이외에도, 꽤 여러 권의 신화학 이론서를 읽어나갔다. 그때 읽었던 것 중에 지금도 기억에 남는 책으로, 이반 스트렌스키의 『20세기 신화 이론』과 브루스 링컨의 『신화 이론화하기』, 그리고 발터 부케르트의 『신성의 창조 Creation of the Sacred』 등을 꼽을 수 있다. 그중에서 이반 스트렌스키의 책은 내가 나중에 이학사의 '신화종교상징 총서'의 하나로 번역해서 출간했다. 그리고 브루스 링컨의 책은 다른 역자에 의해 번역되었다. 내가 번역한 이반 스트렌스키의 책과 시걸의 이 책은 상보적인 성격을 가지고 있다. 그리고 시걸이 이 책에서도 소개하고 있는 독일의 신화학자 부케르트의 책은 언젠가 내가 번역하고 싶은 후보 리스트에 올라 있지만, 현재로는 서재에서 잠을 자고 있다.

이반 스트렌스키는 말리노프스키, 카시러, 레비스토로스, 엘리아데 등 20세기 신화학의 거장들을 중심으로 신화학의 형성과정과 그들이 구축한 신화학의 학술사적 맥락과 정치적 배경을 논의한다. (이름만으로 학문적 오라를 느낄 수 있는 이들 대가들은 시걸의 책 중심부를 차지하는 이론적 영웅들이기도 하다.) 스트렌스키는 보편적인 객관적 학문의 위장을 가지고 성립한 신화학 자체가 근현대 서구 정신사의 산물이라는 사실을 비판적인 눈으로 해부한다. 신화학이란 단순히 과거의 이야기들에 대한 흥미로운 해설이 아니다. 스트렌스키는 신화학이 서양, 특히 근대, 현대의 서양이 자신의 과거, 자신이 배제한 자신의 다른 모습, 더 나아가 비서양 문화를 해석하는 서양적 시선의 창조물이라는 사실을 보여준다. 따라서, 신화란, 우리가 현재 이해하는 그런 것으로서 처음부터 존재했다기보다는, 근현대의 서양인이 발명해낸 것이며, 근현대의 서양인의 눈에 의해 재구성되면서 비로소 형상을 갖게 되는, 뒤집어진 상像으로서의 타자의 모습이라는 사실을 보여주는 것이 스트렌스키의 목표였다.

브루스 링컨의 책은, 좀 더 구체적으로, 서양에서 신화 개념이 변화해간 장구한 역사적 과정을 해체하고, 신화의 해석 혹은 이론이란, 해석자의 시선에 의해 의도적으로 혹은 허구적으로 재구성된 신화 만들기의 한 형태에 불과하다는 사실을 더 깊이 살펴본다. 이론 자체가 하나의 신화 만들기 작업에 다름 아니다. 이런 연구들은 어떤 면에서는 약간의 식견을 가진 독자들을 불편하게 만들 수도 있다. 신화를 이국적이고 상상력에 넘치는 흥미진진하고 아름다운 이야기라고 읽고 듣고 배워온 교양 있는 독자들에게, 이런 식의 해체적인 해석은 그들의 소중한 추억과 꿈을 산산조각 내버리는 것이 될 수 있기 때문이다.

이 책에서 시걸은 신화를 가장 단순하게 이야기라고 규정하고, 그런 이야기들이 본래부터 순수하게 주어진 것이 아니라, 전파되고, 왜곡되고, 재구성되는 과정을 담고 있는 신화 만들기의 산물임을 여러 이론들을 통해서 우리에게 알려준다. 그리고 그렇게 만들어진 신화를 해석하는 신화 이론은 그 자체로 하나의 이야기, 즉 이론의 저자가 과거의 이야기를 토대로 재구성한 또다른 신화(이야기)일 수도 있다. 그리고 그런 여러 이론들의 역사적 전개 과정을 따라 가는 작업은, 그 이론의 배경이 되는 사회적, 사상적 맥락과 배경을 이해하는 작업이기도 하다. 그런 작업을 통해, 우리는 이론이 결코 투명하고 객관적인 대상 인식이 아니라는 사실을 알게 된다. 이론은 특별한 배경과 맥락 안에서 태어난 비교적 견고한 체계를 갖춘 지식이다. 그러나 어떤 이론이든 결코 투명하지도 않고 객관적이지도 않다. 신화의 이론은 신화를 매개로 하여 형성된 것으로서, 대상이 되는 신화 자체와는 다르다. 그렇다면, 해석 이전의 순수한 신화 자체가 존재하는가? 시걸의 글을 읽다보면, 신화 자체가 하나의 시선(이론)의 산물임을 알게 된다. 신화를 읽는 렌즈로서 이론은 어떤 면에서는 신화를 왜곡하는 하나의 방식이라는 사실을 알게 된다. 이 책을 읽으면서 우리는, 어떤 이론이 아무리 포괄적이고 정밀하고 설득력을 가진 것이라고 할지라도, 이론 자체의 성질을 검토하지 않은 채, 이론을 그대로 사실이라고 믿어버리는 나이브함을 극복해야 한다는 것을 배우게 된다. 자연 과학의 경우에도 사정은 마찬가지일 것이다.

근현대의 서양에서 신화를 읽는 이론의 역사는 그것 자체가 곧 서양 근현대의 정신사라고 볼 수 있을 정도로 다채롭다. 서양의 정신사는 자기 속의 타자, 혹은 자기 외부의 타자를 읽고 해석하여 그것을 자기화하는 기나긴 역정의 산물이다. 사실 시걸이 다루는 근현대의 신화학 이론의 전개 과정은 서구 근현대의 사상사, 정신사의 실루엣이라고 말할 수 있다. 실루엣이라고 말한 이유는, 그 이론들이 신화를 매개로 삼아 자기와 타자를 바라보는 서양 자신의 모습을 흐릿하게 드러내기 때문이다. 신화학의 관점에서 보자면, 서양 근현대 문명은 '신화'에 대한 이론을 통해 자기 정체성을 형성해 온 과정이었다고 말할 수 있다. 이때 '신화'는 자기들이 지나쳐온 혹은 극복해야 할 타자의 다른 이름일 수 있다.

　'과학'이 등장하면서, 과학에서 자기 존재의 근거를 발견하는 사람들은 '신화'를 과학이 극복한, 혹은 극복해야 할, 열등한 것으로 자리매김한다. 그들은 세상을 '과학'이라는 렌즈로 읽어내고, 그런 시선으로 세상을 만들려고 노력한다. 그들이 규정하는 '과학'에서 멀어진 모든 것은 미신이거나 미개이고 열등한 것이기 때문에 극복하고 제거해야 할 대상이 된다. 그 대상은 서구 자신의 과거일 수도 있고, 비서구적인 타자일 수도 있다. 그것은 극복과 넘어섬과 배제의 대상일 뿐, 그들에 대한 공감적 이해는 동정이거나 낭만적 향수에 불과한 것이 된다. 그들이 '신화'를 바라보는 시선은 곧바로 그들이 세상을 바라보는 시선이며, 나아가 그들이 비서구 문명을 바라보는 시선이 된다. 그 시선 아래서 '과학' 아닌 것은 생존을 위한 시민권을 획득하지 못한다. 다른 이론들도 비슷하다. 구조주의자의 신화 이론은 세상을 바라보는 구조주의자들의 시선이 신화에 투영된 것이다. 구조주의적 사유 자체의 옳고 그름을 떠나서, 그들의 신화 이론은 세상을 읽는 그들의 시선이 신화라는 대상을 통해서 드러난 것일 뿐이다. 정신분석학의 신화 이론 역시 마찬가지다. 그들은 신화에서 억압된 성적 욕망을 읽어내기도 하고, 또는 무의식적인 창조성의 비밀을 읽어내기도 한다. 원형 이론 혹은 현상학적 신화 이론은, 신화에서 원형의 창조적 가능성을 발견 혹은 발명하고, 현대인에게서 숨겨진 새로운 창조의 가능성을 찾으려고 한다. 그런 신화 이론을 전개하는 이론가는 원형이라는 개념을 통해 현대인이 상실하고 망각한 창조적 역량의 회복에 대한 소망을 피력하고 있는 것이다. 결국 모든 신화 이론은 신화에 투영된 이론가의 시선이라는 것을 시걸은 알려준다.

그렇게 본다면, 시걸의 이 책은 대단히 콤팩트한 근현대 서양 정신사의 조감도라고 평가할 수 있다. 19세기 중반 이후의 서양 사상사, 혹은 정신사는 과학주의, 계몽주의, 진화론, 정신분석, 마르크스주의, 실존주의, 해석학, 구조주의, 포스트구조주의라는 커다란 궤적을 그리면서 달려왔다. 그리고 그런 사상적 궤적에 문학, 철학, 역사학, 종교학, 인류학, 사회학 등의 학문 분과가 횡적으로 연결되어 다채로운 지성의 지도가 그려진다. 때로는, 정확하게 이런 OO주의, 혹은 OO학이라는 틀에 들어맞지 않는 이론가들이 분명히 존재하지만, 그들 역시 전체적으로 볼 때,

신화란 무엇인가

종적으로 혹은 횡적으로, 여러 형태의 OO학 및 OO주의와 연결
되어 있고, 직접 간접으로 그들 OO학 및 OO주의와 영향을 주고
받으면서 활동했다. 예를 들어 시걸의 책에서 다루고 있는 중요
한 신화 이론가의 한 사람인 르네 지라르René Girard의 사상사적, 학
술사적 위치는 분명하지 않다. 그러나 그의 이론이 구조주의와
현상학과 해석학, 그리고 종교학과 인류학과 철학과 문학이 올
올이 만들어내는 사상적 피륙의 어느 지점에 위치한다는 것을
부정하기도 어렵다. 마르셀 데티엔Marcel Detienne의 경우 역시 마찬
가지다. 서구 사상사에서는 잘 알려진 인물은 아니지만, 데티엔
은 프랑스의 헬레니스트(그리스 고전학)를 대표하는 넓은 의미의
구조주의자의 계열에 속하는 학자다. 푸코와 연결된 폴 벤느Paul
Veine(신화학의 고전이 된 『그리스인은 신화를 믿었는가』의 저자)와 학
문 영역과 관심을 공유하는 학자로서, 데티엔의 학문은 문학과
구조주의와 해석학과 종교학을 넘나든다.

시걸은 시간의 흐름에 입각하여, 과학주의, 계몽주의, 진화론
으로 대표되는 19세기의 이론에서 출발하여 정신분석학과 인류
학, 문학, 사회과학의 이론을 거쳐, 현대의 신화 이론에 이르는
다양한 사상가의 신화에 관한 이론을 압축적으로 소개한다. 때
로, 그의 소개는 지나치게 압축적이라, 서양의 근현대 학술사, 혹
은 근현대 사상사에 익숙하지 않은 독자는 그들의 이론을 이해

하는데 어려움을 겪을 수도 있을 것이다. 그러나 인내심을 가지고 찬찬히 읽어간다면 의외의 수확을 얻을 수도 있다. 이런 종류의 컴팩트한 안내서는 장점과 함께, 근본적인 한계가 있고, 그런 한계는 사실상 어쩔 수 없는 면이 있다. 시걸의 이 책은 영국 옥스퍼드 대학이 출간하는 〈대단히 짧은 안내서Very Short Introduction〉 시리즈의 한 권으로 나온 것이다. 그러나 짧은 안내서를 표방하는 책이라고 해서, 그 안에 담긴 내용까지 만만하게 볼 수는 없다. 독자들은 이 짧은 안내서를 통해 서양 정신사의 흐름을 스케치하고, 그 안에서 신화가 차지하는 위치, 그리고 신화의 해석을 통해 서양의 이론가들이 어떤 세상에 대한 그림을 그려 왔는지에 대한 간략한 조감을 얻을 수 있다. 그리고 그런 조감에 성이 차지 않은 지적 호기심으로 충만한 독자라면, 내가 앞에서 언급한 몇 권의 전문적인 신화 이론서를 참조하면 도움을 받을 수 있을 것이다. 그런 다음에도 지적 호기심이 충족되지 않는 독자라면, 저자 로버트 시걸이 이 책 말미에 제공하고 있는 독서 리스트를 참조하고 그것을 읽어나가면 어느 정도 지적 충만감을 맛볼 수 있을 것이다. 처음부터 모든 주제와 책을 읽어나가는 것은 어려운 과제일 수 있다. 따라서 독자들은 이 책을 통해 지적 자극을 받은 다음, 자신의 구미에 맞는 분야를 집중적으로 공략하는 것도 좋은 방법이 될 수 있다.

신화란 무엇인가

끝으로 시걸이 이 책의 초판에는 수록했으나, 2판에서는 빼버린 위니캇D. Winnicot에 관한 논의를 소개하면서 역자의 말을 마치려고 한다. 위니캇은 영국 아동정신분석가로, 영국에서 발전한 정신분석 3세대로 알려진 소위 대상관계론object-relation theory 학파의 한 사람이다. 위니캇은 어린이가 현실을 수용해 가는 이행 단계로서 '놀이play'의 중요성을 강조하고, 그 개념을 키워드로 삼아 어린이의 정신적 발달을 해명한 것으로 유명하다. 시걸은 현대 사회에서 신화가 가지는 의미를 논의하면서, 위니캇의 이행 단계라는 아이디어를 원용한다. 그렇게 시걸은 신화, 혹은 그것의 현대적 대체물인 현대적 신화들의 존재 이유와 가능성을 부각시키는 흥미로운 의견을 피력했다. 나 역시 젊은 시절 정신분석학에 깊은 흥미를 느끼던 시기가 있었고, 그때 위니캇의 저서를 적지 않게 읽었던 기억이 새롭다. 그리고 이 책의 1판을 읽을 때, 시걸의 논의에 공감하면서, 저자의 독자적인 해석으로서 높이 평가할 수 있다고 생각했다. 그런데, 정작 2판에서 시걸은 위니캇을 논의한 부분을 통째로 제거해버렸다. 추측건대, 신화의 이론의 역사를 개관하는 이 책에서 저자 자신의 독자적인 주장을 펼치는 것이 너무 강하다고 여겼기 때문이 아닐까? 학자의 겸손함이랄까, 자기주장을 내세우는 것에 익숙하지 않은 저자의 수줍음 때문이라고 생각한다. 기회가 된다면, 저자를 직접 만나서

역자 후기

꼭 물어보고 싶은 대목이다. 이 책은 2판을 번역한 것이라서 본문 번역에는 싣지 못했지만 시걸이 초판에서 다룬 위니캇과 관련하여 논의한 내용을 독자들에게 역자 후기에서라도 소개하고자 한다.

* * *

위니캇

신화를 다시 세상으로 돌아오게 만드는 하나의 방법으로 나는 영국의 아동 정신의학자이자 정신분석가인 위니캇D.W.Winnicott, 1896-1971의 놀이 분석을 신화에 적용할 것을 제안한다. 위니캇에게 있어서 놀이는 현실과 다른 것으로 인정된다. 즉 어린아이들은 자기들이 단지 놀이하고 있다는 사실을 인정한다. 놀이는 숟가락을 기차로 취급할 수 있는 권리를 그 자체로 부여하며, 부모는 숟가락이 진짜로 기차인지 묻지 말아야 한다. 그러나 일단 놀이가 끝나면, 기차가 되었던 숟가락은 그저 다시 하나의 숟가락으로 돌아온다. 그럼에도 놀이는 환상이나 도피 이상의 것이다. 놀이는 개인적 의미를 지닌 현실의 건설이다. 놀이는 일상 세계로부터 어떤 것, 예를 들어 숟가락을 가지고 그 이상의 어떤 것, 예를 들어 기차로 변형시킨다.

신화란 무엇인가

위니캇에 따르면, 전형적인 영국식 성인 놀이의 하나인 정원 가꾸기와 요리를 통해, 사람들은 외부 세계의 요소들로부터 개인적 의미를 지닌 하나의 세계를 창조한다. 위니캇은 예술과 종교를 거론하며 그것을 통해 사람들은 훨씬 더 깊은 의미를 지닌 세계를 건설한다고 말하기도 한다.

여기서는 다음과 같은 것을 전제로 한다. 현실 수용의 과제는 결코 완결되지 않으며, 그 어떤 인간도 내적 현실과 외적 현실과 관련된 긴장에서 자유롭지 못하며, 그리고 예술이나 종교 등과 같이 도전받지 않는 경험의 '중간 영역'에 의해 이러한 긴장으로부터 풀려날 수 있다. 이 '중간 영역'은 놀이에 '열중한' 어린이의 놀이 영역과의 직접적으로 연결되어 있다.

(Winnicott, *Transitional Objects and Transitional Phenomena*, p.13)

위니캇의 용어로 말하자면, 놀이는 '이행적transitional' 행위이다. 소년기에서 성인기로, 환상의 내적 세계에서 외부의 현실로, 알려진 외부 세계에서 미지의 외부 세계로의 전이를 제공하는 것이 놀이다. 마치 어린아이가 곰 인형과 같은 물리적 대상에 집착함으로써 확신을 가지고 외부 세계를 탐험할 수 있게 되는 것처럼, 성인은 취미, 관심, 가치, 또는 신화 등 내면화된 대상에 집착하면서 훨씬 더 넓은 세계를 상대할 수 있게 된다. 마치 어린아이가 곰 인형이 엄마가 아니라는 것을 알면서도 마치 엄마인 것처럼 매달리듯이, 성인은 신화가 현실이 아님을 인식하지만 마치 현실처럼 신화에 집착한다. 신화는 '믿게 만들기make-believe'인 것이다.

모든 신화가 믿게 만들기 놀이로 취급되는 것은 물론 아니다. 임박한 세계 종말에 관한 신화처럼 논박의 여지가 없는 진리로 받아들여지는 신화도 있을 수 있다. 어떤 신화는 분명 (믿게 만들기) 놀이나 진리 중의 하나로 받아들여질 수 있다. 예를 들어, 진보에 대한 신념, 이데올로기, 또는 세계관의 하나인 맑시즘처럼. 이런 종류의 신화들이 놀이로 받아들여지면, 그것들은 세상에 대한 묘사가 아니라 세상에 대한 지침의 역할을 한다.

만일 단순한 신조를 과감히 신화라고 바꾸어 부르게 된다면, '가난뱅이에서 부자가 된' 신화가 여기에 바로 맞아 떨어질 수 있을 것이다. 이 신조는 하나의 도그마로 받아들여질 수 있으며, 역설적이게도 미국 안에서 만큼이나 주변 세계에서도 야단스럽게 받아들여져, 성공하지 않을 경우 좌절과 비난으로 인도할 수 있다. 그러나 이 신화는 (미국적 인생의 거짓된 특성화가 아니라 하나의 희구되는 인생으로) '믿게 만들기 놀이'로 받아들여질 수도 있다. 여기에서 미국은 마치 기회의 땅인 것처럼 보였다. 이 신화의 현

신화란 무엇인가

재적 전형은 바로 뛰어난 세일즈맨 앤터니 로빈스다. 그의 신화는 패자에서 승자로 자수성가한 이야기다. 로빈스에 따르면, 다른 사람들이 성공하지 못하는 이유는 무엇인가? 노력하지 않기 때문이다.

명백히, 로빈스의 신화는 자연 세계가 아니라 사회적 세계에 대한 것이다. 그렇다면 신적인 힘을 갖고 있다고 여겨지는 유명 인사들의 전기가 더 적합할 것이다. 빈곤과 인종차별, 그리고 다른 모든 사회적 질병들을 근절하고 환경 파괴를 끝장내며 지구온난화를 억제하고 종種을 보존하기 위해 캠페인을 벌이는 이들이 바로 그들이다. 그들은 모든 나라들, 심지어 유엔마저 실패한 일도 해낼 수 있다.

가장 높은 주가를 올리는 유명 인사는 할리우드 스타들이다. 호메로스와 히브리 성서의 대중적인 신처럼, 할리우드 스타들은 대중 앞에 직접 모습을 드러내는 경우는 거의 없으며, 스크린 위에 나타날 때는 몸집은 거대하고 어떤 일이나 할 수 있고 변장한 모습으로 나타나며, 그리고 그들은 영화 안에서 영원히 살아남는 존재가 된다. 그들의 능력은 초인적이며, 단순히 용감한 정도가 아니라 두려움이 없으며, 단순히 친절한 정도가 아니라 거룩하고, 단순지 강한 정도가 아니라 전능하며, 단순히 지혜로운 정도가 아니라 전지적이다.

신은 사적으로뿐만 아니라 공적으로도 신인 반면, 영화의 스타들은 화면 위에서만 신적이고 화면 밖에서는 죽을 수밖에 없는 존재라는 사실 때문에, 회의론자들은 반론을 제기할 수도 있다. 그러나 분명 대다수의 팬들은 이런 구분을 하지 않는다. 그들은 화면 위의 자질들이 화면 밖에서도 그대로 나타나기를 기대한다. 실제로, 팬들은 영화 스타들이 스스로 처한 환경에서 '연기'하는 대로 화면 위에서 연기하고 있다고 가정한다. 팬들은 자기들이 좋아하는 배우가 '실제 삶' 속에서 기대에 미치지 못하는 것에 낙담한다. 멜 깁슨은 키가 그리 크지 않다. 로버트 미첨은 자기에게서 군사 전략을 기대하지 말아 달라고 팬들에게 주의를 주어야 했다. 그레타 가르보는 자신의 젊은 시절 이미지로 남기 위해 은둔해야 했다. 할리우드의 게이 배우들은 정상적인 배역에서 제외되지 않기 위해, 감히 세상에 커밍아웃하지 못한다. 톰 크루즈는 그를 게이라고 부르는 사람이 있다면, 그가 누구든 소송을 걸어야 한다.

신은 탄생하고 스타는 만들어진다고 말할지도 모르겠다. 영화 스타가 되는 일이 얼마나 예측하기 어려운 일인지는 잘 알려진 사실이다. 그러나 대부분의 팬들은 영화 스타는 만들어지는 것이 아니라 태어난다고 믿는다. 라나 터너가 할리우드의 슈왑 가게에서 천진난만하게 밀크셰이크를 마시는 장면이 눈에 띄었을 때, 그녀는 발견되었지 만들어지지 않았다.

스타는 신처럼 자기가 바라는 대로 할 수 없다고 말할지도 모르겠다. 그러나 대부분 팬들은, 우리들 대부분이 구속하는 규칙들로부터 스타들은 면제되어 있다고 가정하고 있음에 분명하다. 따라서 자기들이 좋아하는 스타들이 마약 복용이나 (로버트 다우니 주니어), 가게 물건을 슬쩍하거나 (위노나 라이더), 어린이 성추행으로 (마이클 잭슨) 체포되어야 한다는 사실에 충격을 받는다.

당대의 영화 스타들은 훨씬 더 다양한 범주에서 선발되었으며 그들은 영웅적인 만큼이나 반영웅적이라고 말하는 것은 진부한 표현이다. 그러나 가장 높은 인기의 작품을 끌어내는 것은, 남성이든 여성이든, 여전히 화면 위의 배역이며, 그들을 화면에 올려놓는 것은 연기력이 아닌 외모이다. 팬들의 찬탄에 사용된 용어가 모든 것을 말한다. 스타들은 '우상화'되고 '숭배'된다. 최고의 스타는 '신'으로 불린다. 그들은 '별'로서 우리 위에 있는 하늘에서 밝게 빛난다. 팬들은 '스타에 빠져있다.'

영화 스타가 현대의 신이라는 나의 주장에 반대해서 오늘날에는 아무도 그런 과대 선전을 믿지 않는다고 말할 수도 있을 것이다. 할리우드 스타들이 우리와 정말로 다르다고 믿는 사람은 없다. 그들은 우리보다 더 많은 수입을 올리겠지만, 그들도 우리와 똑같은 장애와 어려움을 겪는다. 한 스타의 비공인 전기(스타

역자 후기

를 현실로 되돌리는 전기)보다 더 많이 팔리는 것이 무엇인가? 그에 버금하는 것이 없다면, 조심스럽게 말해서, 화면 위의 록 허드슨(전형적인 이성애 매력남)과 화면 밖의 록 허드슨(에이즈로 사라져간) 사이의 불균형의 폭로는, 화면 위의 가면과 화면 밖의 현실 사이의 차이점을 확실하게 납득시킨 예일 것이다.

그러나 오늘날 팬들의 이러한 고집 센 관점은 순진한 것이다. 팬들은 계속 스타들을 '우상화'하고 '숭배'한다. 그들의 결함을 몰라서가 아니라 그 결점들을 무시하고 그렇게 한다. 결점들은 부인되거나 무시된다. 팬들은 모르는 것이 아니다. 팬들은 알고 싶어 하지 않거나, 개의치 않는다. 그렇다고 그들의 헌신적인 애정이 분별력이 없는 일도 아니다. 알면서도 하는 일이다. 위니캇에 따르면, 그것은 믿게 만들기 놀이에 불과하다. 누구도 그것에 속아 넘어가지 않는다. 여기에는 반대 증거가 끼어들지 않게 해야 한다.

영화 관람은 영화 스타들의 신격화를 부추긴다. 영화는 외부 세계와 차단되어 독립된 그 자체의 세계를 만든다. 영화가 효과적이면 효과적일수록, 관객은 자신들이 어디에 있는지 잊어버리고, 화면 위의 시간과 장소 속에 있는 자신을 상상한다. 영화는 실제 세계에서는 결코 일어나지 않는 일들을 허락한다. 영화 속에서는, 마치 천국에서처럼, 모든 것이 가능하다. "단지 영화

신화란 무엇인가

안에서만"이라는 구절이 말을 건넨다. 극장에 가는 행위는 불신 disbelief을 일시 정지시킨다. 그것은 영화와 "함께 놀기"에 동의하는 일이다. 영화 관람의 궁극적인 보상은, 비록 화면 위에서일 뿐이긴 하지만, 배우들과 만나는 것이다. 영화 관람은 마치 교회에 가는 것과 비슷하다. 교회는 신이 있음직하도록 모든 것을 잘 갖추고 있는 장소다. 영화 관람은 신화를 의례와 결합시키고, 신들을, 그리하여 신화들을 세상으로 다시 불러온다. 즉, 과학을 무시하지 않으면서 세상에 신과 신화를 불러온다.

* * *

끝으로, 알찬 책을 만드는 데 도움을 주신 양정우 님, 학술의 대중화라는 중요한 목표를 위해 지원을 아끼지 않으시는 대우재단 관계자님, 그리고 대우아카넷 신서를 통해 본 역서를 출간할 수 있도록 자리를 마련해주신 아카넷 김정호 사장님과 편집부에 감사를 드린다.

2016년 12월 22일

이용주

참고문헌

참고문헌은 알파벳순이 아닌 각 장에서 언급되는 순서대로 정리하였다.

서론

고대적 신화 이론에 대해서는 다음을 보라. Richard Chase, *Quest for Myth* (Baton Rouge: Louisiana State University Press, 1949), chapter 1; Jan de Vries, *Forschungsgeschichte der Mythologie* (Freiburg: Alber, 1961), chapter 1.

초기 이론과 사회과학적 이론의 병렬 관계에 대해서는 다음을 보라. Burton Feldman and Robert D. Richardson, *The Rise of Modern Mythology*, 1680-1860 (Bloomington: Indiana University Press, 1972), pp. xxii-xxiii.

이야기의 표준적 분류에 대해서는 다음을 보라. William Bascom, 'The Forms of Folklore: Prose Narratives', *Journal of American Folklore*, 78 (1965): 3-20. 분류의 모호함에 대한 논의로는 다음을 참조. Stith Thompson, *The Folktale* (Berkeley: University of California Press, 1977 [1946]), p. 303.

William D. Rubinstein, *The Myth of Rescue: Why the Democracies Could Not Have Saved More Jews from the Nazis* (London and New York: Routledge, 1987).

Wilfrid Sellars, 'Empiricism and the Philosophy of Mind.' In Herbert Feigl and Michael Scriven, eds., *Minnesota Studies in the Philosophy of Science*, vol. I (Minneapolis: University of Minnesota Press, 1956), 253-329.

Apollodorus, *Gods and Heroes of the Greeks: The 'Library' of Apollodorus*, tr. Michael Simpson (Amherst: University of 127 Massachusetts Press, 1976); Ovid, *Metamorphoses*, tr. Rolfe Humphries (Bloomington: Indiana University Press, 1955).

이론의 보편성에 대한 회의주의에 대해서는 다음을 보라. Stith Thompson, 'Myths and Folktales', *Journal of American Folklore*, 68 (1955): 482-8; G. S. Kirk, *Myth* (Berkeley: University of California Press, 1970), p. 7.

1장 신화와 과학

창조이론의 역사에 대해서는 다음을 보라. Ronald L. Numbers, *The Creationists*, expanded edn. (Cambridge, MA: Harvard University Press, 2006 [1st edn. 1992]).

노아 홍수신화의 과학적 재해석에 관해서는 다음을 보라. 예를 들어, William Ryan and Walter Pitman, *Noah's Flood* (London: Simon and Schuster, 1999). 전 세계에 퍼져 있는 홍수신화에 대한 다양한 해석을 소개한 책으로는 다음을 참조. Alan Dundes, ed., *The Flood Myth* (Berkeley: University of California Press, 1988).

이집트에서 발생한 전염병에 대한 서술은 다음 연구 참조. Herbert G. May and Bruce M. Metzger, eds., *The New Oxford Annotated Bible with the Apocrypha*, Revised Standard Version (New York: Oxford University Press, 1977[1962]). 인용문은 앞의 책의 p.75에서 가져왔다. 성경 이외의 신화를 '자연화'하려는 유사한 시도에 대해서는 다음 책 참조. Samuel Noah Kramer, *Sumerian Mythology*, rev. edn. (New York: Harper & Row, 1961 [1st edn. 1944]).

전염병에 대한 신화적 설명과 과학적 설명을 화해시키려는 고전적 시도는 유대 실존주의 철학자 마르틴 부버에 의해 이루어졌다. See Buber, *Moses* (New York: Harper Torchbooks, 1958 [1946]), especially pp. 60-8, 74-9. Buber is the Jewish counterpart to Rudolf Bultmann, considered in Chapter 2.

다음 책은 신화 안에서 과학을 찾아내려고 했던 고전적인 연구. Giorgio de Santillana and Hertha von Dechend, *Hamlet's Mill* (Boston: Gambit, 1969).

The work cited is Andrew Dixon White, *A History of the Warfare of Science with Theology in Christendom* (1896), abridged by Bruce Mazlish (New York: Free Press, 1965). For a balanced corrective, see John Hedley Brooke, *Science and Religion* (Cambridge: Cambridge University Press, 1991).

The classic work by E. B. Tylor is *Primitive Culture*, 2 vols, 1st edn. (London: Murray, 1871). Citations are from the reprint of the 5th 128 (1913) edition (New York: Harper Torchbooks, 1958). The work by Stephen Jay Gould quoted is *Rocks of Ages* (London: Vintage, 2002 [1999]).

신화에 대한 신선한 포스트 모던적 접근방법에 대해서는 다음을 보라. Laurence Coupe, *Myth*, 2nd edn. (London and New York: Routledge, 2009 [1st edn. 1997]).

현대적 타일러 주의 관점에 대해서는 다음을 보라. David Bidney, *Theoretical*

Anthropology, 2nd edn. (New York: Schocken, 1967 [1st edn. 1953]), chapter 10; 'Myth, Symbolism, and Truth', *Journal of American Folklore*, 68 (1955): 379-92.

'에우헤메리스트'라는 용어에 대해서는 다음을 보라. Joseph Fontenrose, *The Ritual Theory of Myth* (Berkeley: University of California Press, 1966), pp. 20-3.

Friedrich Max Müller, 'Comparative Mythology' (1856), in his *Chips from a German Workshop* (London: Longmans, Green, 1867), pp. 1-141.

Langdon Gilkey는 창세기 1장이 창조 과정의 서술에 불과하다고 보았다. See his *Maker of Heaven and Earth* (Lanham, MD: University Press of America, 1985 [1959]), especially pp. 25-9, 148-55.

J. G. Frazer, *The Golden Bough*, 1st edn., 2 vols (London: Macmillan, 1890); 2nd edn., 3 vols (London: Macmillan, 1900); 3rd edn., 12 vols (London: Macmillan, 1911-15); one-vol. abridgment (London: Macmillan, 1922).

Lucien Lévy-Bruhl, *How Natives Think*, tr. Lilian A. Clare (New York: Washington Square Press, 1966 [1926]).

Bronislaw Malinowski, 'Magic, Science and Religion' (1925) and 'Myth in Primitive Psychology' (1926), in his *Magic, Science and Religion and Other Essays*, ed. Robert Redfield (Garden City, NY: Doubleday Anchor Books, 1954 [1948]), pp. 17-92 and 93-148.

Claude Lévi-Strauss, *The Savage Mind*, tr. not given (Chicago: University of Chicago Press, 1966); *Myth and Meaning* (Toronto: University of Toronto Press, 1978); André Akoun et al., 'A Conversation with Claude Lévi-Strauss', *Psychology Today*, 5 (May 1972): 36-9, 74-82.

Karl Popper, *Conjectures and Refutations*, 5th edn. (London: Routledge & Kegan Paul, 1974 [1st edn. 1962]); *The World of Parmenides*, eds. Arne F. Peterson and Jorgen Mejer (London: Routledge, 1998); *The Myth of the Framework*, ed. M. A. Notturno (London and New York: Routledge, 1994).

F. M. Cornford, *From Religion to Philosophy* (London: Arnold, 1912); *Principium Sapientiae*, ed. W. K. C. Guthrie (Cambridge: Cambridge University Press, 1952), chapters 1-11.

신화란 무엇인가

2장 신화와 철학

Paul Radin, *Primitive Man as Philosopher*, 2nd edn. (New York: Dover, 1957 [1st edn.
1927]); *The World of Primitive Man* (New York: Dutton, 1971), chapter 3.

Ernst Cassirer, *The Philosophy of Symbolic Forms*, tr. Ralph Manheim, II (New
Haven, CT: Yale University Press, 1955).

프랑크포르트의 다음 책은 레비브륄과 카시러의 철학을 신화 이해에 적용한 좋은 사
례다. H. A. Frankfort, John A. Wilson, Thorkild Jacobsen, and William A. Irwin,
*The Intellectual Adventure of Ancient Man: An Essay on Speculative Thought in
the Ancient Near East* (Chicago: University of Chicago Press, 1946 [reprinted Phoenix
Books, 1997]); paperback retitled Before Philosophy: *The Intellectual Adventure
of Ancient Man: An Essay on Speculative Thought in the Ancient Near East*
(Harmondsworth: Pelican Books, 1949).

Rudolf Bultmann, 'New Testament and Mythology' (1941), in *Kerugma and Myth*,
ed. Hans-Werner Bartsch, tr. Reginald H. Fuller, I (London: SPCK, 1953), pp. 1-44;
Jesus Christ and Mythology (New York: Scribner's, 1958); Hans Jonas, Gnosis und
spätantiker

Geist, 2 vols, 1st edn. (Göttingen: Vandenhoeck und Ruprecht, 1934 [vol. I] and 1954 [vol. II,
part 1]); *The Gnostic Religion*, 2nd edn. (Boston: Beacon Press, 1963 [1958]), Epilogue.

시지포스 신화에 대해서는 다음을 보라. Albert Camus, *The Myth of Sisyphus and
Other Essays*, tr. Justin O'Brien (New York: Vintage Books, 1960 [1955]), pp. 88-91;
Homer, *The Odyssey*, tr. Richmond Lattimore (New York: Harper Torchbooks, 1968
[1965]), p. 183.

3장 신화와 종교

Bultmann, 'New Testament and Mythology' and *Jesus Christ and Mythology*.

야스퍼스와 불트만의 논쟁에 대해서는 다음 참조. Karl Jaspers and Rudolf Bultmann,
Myth and Christianity, tr. Norman Guterman (New York: Noonday Press, 1958).

Jonas, *The Gnostic Religion*.

요나스는 영지주의를 현대화한 유일한 철학자는 아니다. 정치철학자 에릭 푀글린
은 실존주의, 마르크스주의, 공산주의, 파시즘, 그리고 정신분석학이 그가 '영지

주의적 태도'라고 부른 것을 드러낸다는 사실을 보여주려 한다. See his *Science, Politics and Gnosticism* (Chicago: Regnery Gateway Editions, 1968) and *The New Science of Politics* (Chicago: University of Chicago Press, 1952).

Norman Schwarzkopf에 대해서는 다음을 참조. Jack Anderson and Dale Van Atta, *Stormin' Norman: An American Hero* (New York: Zebra Books, 1971).

Mircea Eliade, *Myth and Reality*, tr. Willard R. frask (New York: Harper Torchbooks, 1968 [1963]); *The Sacred and the Profane*, tr. Willard R. frask (New York: Harvest Books, 1968 [1959]).

존 에프 케네디에 대해서는 다음을 보라. 예를 들어, Wendy Leigh, *Prince Charming* (New York: New American Library, 2000); Christopher Anderson, *The Day John Died* (New York: William Morrow, 2000); Richard Blow, *American Son* (New York: Henry Holt, 2002).

조지 워싱턴에 대해서는 다음을 보라. Barry Schwartz, *George Washington* (New York: Free Press; London: Collier Macmillan, 1987); Mason Weems, *The Life of Washington*, 9th edn., ed. Peter S. Onuf(Armonk, NY: Sharpe, 1996 [1st edn. 1800; 9th edn. 1809]), pp. 9-10.

4장 신화와 의례

William Robertson Smith, *Lectures on the Religion ofthe Semites*, First Series, 1st edn. (Edinburgh: Black, 1889), Lecture 1.

Tylor, *Primitive Culture*, 5th edn., Il, chapter 18.

Frazer, *The Golden Bough*, abridged edn., especially chapters 29-33 (first myth-ritualist scenario); 6-8, 24 (second myth-ritualist scenario).

Jane Ellen Harrison, *Themis*, 1st edn. (Cambridge: Cambridge University Press, 1912); *Alpha and Omega* (London: Sidgwick & Jackson, 1915), chapter 6; *Epilegomena to the Study of Greek Religion* (Cambridge: Cambridge University Press, 1921); on myth and art, *Ancient Art and Ritual* (New York: Holt; London: Williams and Norgate, 1913).

S. H. Hooke, 'The Myth and Ritual Pattern ofthe Ancient East', in *Myth and Ritual*, ed. Hooke (London: Oxford University Press, 1933), chapter 1; Introduction to *The Labyrinth*, ed. Hooke (London: SPCK; New York: Macmillan, 1935), pp. v-x; *The*

Origins of Early Semitic Ritual (London: Oxford University Press, 1938); 'Myth and Ritual: Past and Present', in *Myth, Ritual, and Kingship*, ed. Hooke (Oxford: Clarendon Press, 1958), chapter 1.

Gregory Nagy, 'Can Myth Be Saved?', in *Myth*, eds. Gregory Schrempp and William Hansen (Bloomington: Indiana University Press, 2002), chapter 15. See also Edmund Leach, *Political Systems of Highland Burma* (Boston: Beacon, 1965 [1954]); 'Ritualization in Man', *Philosophical Transactions ofthe Royal Society*, Series B, no. 772, vol. 251 (1966):403-8.

Gilbert Murray, 'Excursis on the Ritual Forms Preserved in Greek Tragedy', in Harrison, *Themis*, pp. 341-63; *Euripides and His Age*, 1st edn. (New York: Holt; London: Williams and Norgate, 1913), pp. 60-8; *Aeschylus* (Oxford: Clarendon Press, 1940); 'Dis Geniti', *Journal of Hellenic Studies*, 71 (1951): 120-8; 신화와 문학의 관계에 대해서는 다음 연구 참조. 'Hamlet and Orestes: A Study in fraditional IYpes', *Proceedings of the British Academy*, 6 (1913-14): 389-412.

F. M. Cornford, 'The Origin of the Olympic Games', in Harrison, *Themis*, chapter 7; *The Origin of Attic Comedy* (London: Arnold, 1914); 'A Ritual Basis for Hesiod's Theogony' (1941), in his *The Unwritten Philosophy and Other Essays*, ed. W. K. C. Guthrie (Cambridge: Cambridge University Press, 1950), pp. 95-116; *Principium Sapientiae*, ed. W. K. C. Guthrie (Cambridge: Cambridge University Press, 1952), pp. 191-256.

A. B. Cook, *Zeus*, 3 vols in 5 (Cambridge: Cambridge University Press, 1914-40).

Ivan Engnell, *Studies in Divine Kingship in the Ancient Near East*, 1st edn. (Uppsala: Almqvist & Wiksells, 1943); *A Rigid Scrutiny*, ed. and tr. John T. Willis (Nashvile: Vanderbilt University Press, 1969) (retitled *Critical Essays on the Old Testament* [London: SPCK, 1970]).

Aubrey R. Johnson, 'The Role ofthe King in the Jerusalem Cults', in *The Labyrinth*, ed. Hooke, pp. 73-111; 'Hebrew Conceptions of Kingship', in *Myth, Ritual, and Kingship*, ed. Hooke, pp. 204-35; *Sacral Kingship in Ancient Israel*, 1st edn. (Cardiff: University of Wales Press, 1955).

Sigmund Mowinckel, *The Psalms in Israel's Worship*, tr. D. R. Ap-Thomas, 2 vols (New York: Abingdon, 1962); *He That Cometh*, tr. G. W. Anderson (Nashville: Abingdon, 1954), chapter 3.

Malinowski, Myth in Primitive Psychology; 'Magic, Science and Religion', especially pp. 83–4; 'The Role of Myth in Life', Psyche, 6 (1926): 29–39; *Malinowski and the Work of Myth*, ed. Ivan Strenski (Princeton, NJ: Princeton University Press, 1992).

Eliade, *The Sacred and the Profane*, chapter 2; *Myth and Reality*.

문학에 대한 신화 이론의 응용: Jessie L. Weston, *From Ritual to Romance* (Cambridge: Cambridge University Press, 1920); E. M. Butler, *The Myth ofthe Magus* (Cambridge: Cambridge University Press; New York: Macmillan, 1948); C. L. Barber, *Shakespeare's Festive Comedy* (Princeton, NJ: Princeton University Press, 1959); Herbert Weisinger, *Tragedy and the Paradox of the Fortunate Fall* (London: Routledge & Kegan Paul; East Lansing: Michigan State College Press, 1953); Francis Fergusson, *The Idea ofa Theater* (Princeton, NJ: Princeton University Press, 1949); Lord Raglan, 'Myth and Ritual', *Journal of American Folklore*, 68 (1955): 454–61; Northrop Frye, *Anatomy of Criticism* (Princeton, NJ: Princeton University Press, 1957), pp. 131–239; Stanley Edgar Hyman, 'Myth, Ritual, and Nonsense', *Kenyon Review*, 11 (1949): 455–75.

René Girard, *Violence and the Sacred*, tr. Patrick Gregory (London: Athlone Press; Baltimore: Johns Hopkins University Press, 1977); *'To Double Business Bound'* (London: Athlone Press; Baltimore: Johns Hopkins University Press, 1978); *The Scapegoat*, tr. Yvonne Freccero (London: Athlone Press; Baltimore: Johns Hopkins University Press, 1986); *Things Hidden since the Foundation of the World*, trs. Stephen Bann and Michael Metteer (London: Athlone Press; Stanford, CA: Stanford University Press, 1987); *Job, the Victim ofhis People*, tr. Yvonne Freccero (London: Athlone Press; Stanford, CA: Stanford University Press, 1987); 'Generative Scapegoating', in *Violent Origins*, ed. Robert G. Hamerton-Kelly (Stanford, CA: Stanford University Press, 1987), pp. 73–105. Against Frazer, see Girard, *Violence and the Sacred*, pp. 28–30, 96, 121–3, 316–18; The Scapegoat, p. 120.

Clyde Kluckhohn, 'Myths and Rituals: A General Theory', *Harvard Theological Review*, 35 (1942): 45–79.

Walter Burkert, *Structure and History in Greek Mythology and Ritual* (Berkeley:

University of California Press, 1979), especially pp. 56-8, 99-101; *Homo Necans*, tr. Peter Bing (Berkeley: University of California Press, 1983), especially pp. 29-34; *Ancient Mystery Cults* (Cambridge, MA: Harvard University Press, 1987), pp. 73-8; 'The Problem of Ritual Killing', in *Violent Origins*, ed. HamertonKelly, pp. 149-76; *Creation of the Sacred* (Cambridge, MA: Harvard University Press, 1996), chapters 2-3.

5장 신화와 문학

그리스 고전신화의 보론에 대해서는 다음을 보라. Douglas Bush, *Mythology and the Renaissance Tradition in English Poetry* (Minneapolis: University of Minnesota Press, 1932); *Mythology and the Romantic Tradition in English Poetry* (Cambridge, MA: Harvard University Press, 1937); Gilbert Highet, *The Classical Tradition* (New York: Oxford University Press, 1939): Jean Seznec, *The Survival of the Pagan Gods* (New York: Pantheon Books, 1953[1940]). 세 가지 고전신화에 대한 유용한 자료집: Geoffrey Miles, ed., *Classical Mythology in English Literature* (London: Routledge, 1999).

현대문학에 끼친 프레이저, 프로이트, 칼 융의 영향에 대해서는 다음을 보라. Lionel frilling, 'On the Teaching of Modern Literature' (1961), reprinted in frilling, *Beyond Culture* (New York: Viking Press, 1968), pp. 3-30; Lilian Feder, *Ancient Myth in Modern Poetry* (Princeton, NJ: Princeton University Press, 1971); John B. Vickery, *The Literary Impact of 'The Golden Bough'* (Princeton, NJ: Princeton University Press, 1971).

Jessie L. Weston, *From Ritual to Romance*.

Francis Fergusson, *The Idea ofa Theater*; '"Myth" and the Literary Scruple', *Sewanee Review*, 64 (1956): 171-85.

Northrop Frye, 'The Archetypes of Literature' (1951) and 'Myth, Fiction, and Displacement' (1961), in his *Fables of Identity* (New York: Harcourt, Brace, 1963), pp. 7-20 and 21-38; *Anatomy of Criticism* (Princeton, NJ: Princeton University Press, 1957), pp. 131-239; 'Literature and Myth', in *Relations of Literary Study*, ed. James Thorpe (New York: Modern Language Association, 1967), pp. 27-55; 'Symbolism of the Unconscious' (1959) and 'Forming Fours' (1954), in *Northrop Frye on Culture and Literature*, ed. Robert D. Denham (Chicago: University of Chicago Press, 1978), pp. 84-94 and 117-29; 'Myth', *Antaeus* 43 (1981): 64-84.

고전전 융 학파(Jungians)에 대해서는 다음을 보라. Maud Bodkin, *Archetypal Patterns in Literature* (London: Oxford University Press, 1934); Bettina L. Knapp, *A Jungian Approach to Literature* (Carbondale: Southern Illinois University Press, 1984).

원형심리학에 대해서는 다음을 보라. James Hillman, *Re-Visioning Psychology* (New York: Harper & Row, 1975); David L. Miller, *The New Polytheism* (Dallas: Spring Publications, 1981).

Girard, *Violence and the Sacred*.

플롯, 텍스트, 스토리, 그리고 서사 등의 용어에 대해서는 다음을 참조. Shlomith Rimmon-Kenan, *Narrative Fiction*, 2nd edn. (London and New York: Routledge, 2002 [1st edn. 1983]); Paul Cobley, *Narrative* (London and New York: Routledge, 2001).

Kenneth Burke, *The Rhetoric of Religion* (Boston: Beacon Press, 1961); *A Grammar of Motives* (New York: Prentice-Hall, 1945), pp. 430-40; 'Myth, Poetry and Philosophy', *Journal of American Folklore*, 73 (1960): pp. 283-306.

Hans Blumenberg, *Work on Myth*, tr. Robert M. Wallace. (Cambridge, MA: MIT Press, 1985 [1979 in German]).

Tylor, *Primitive Culture*, 5th edn., I, pp. 281-2. Hero myths are a surprising category for someone for whom all myths are seemingly about physical events.

Johann Georg von Hahn, *Sagwissenschaftliche Studien* (Jena: Mauke, 1876), p. 340; tr. Henry Wilson in John C. Dunlop, *History of Prose Fiction*, rev. Wilson (London: Bell, 1888), in an unnumbered attachment to the last page of vol. I.

Vladimir Propp, *Morphology ofthe Folktale*, tr. Laurence Scott, 2nd edn., rev. and ed. Louis A. Wagner (Austin: University of Texas Press, 1968 [1958]).

Otto Rank, *The Myth of the Birth ofthe Hero*, 1st edn., trs. F. Robbins and Smith Ely Jelliffe (New York: Journal of Nervous and Mental Disease Publishing, 1914); 2nd edn., trs. Gregory C. Richter and E. James Lieberman (Baltimore: Johns Hopkins University Press, 2004).

Joseph Campbell, *The Hero with a Thousand Faces*, 1st edn. (New York: Pantheon Books, 1949).

Lord Raglan, *The Hero* (London: Methuen, 1936). Citations are from the reprint of Part 2, which is on myth, in Otto Rank et al., *In Quest ofthe Hero* (Princeton, NJ: Princeton

신화란 무엇인가

University Press, 1990), pp. 89-175.

6장 신화와 심리학

Sigmund Freud, *The Interpretation of Dreams*, vols IV-V, *Standard Edition of the Complete Psychological Works of Sigmund Freud*, eds. and trs. James Strachey et al. (London: Hogarth Press and Institute of Psycho-Analysis, 1953 [1913]).

Karl Abraham, *Dreams and Myths*, tr. William A. White (New York: Journal of Nervous and Mental Disease Publishing, 1913).

Rank, *The Myth of the Birth of the Hero*, 1st edn. 본문의 인용문은 다음에서 왔다. Rank et al., *In Quest of the Hero*, pp. 3-86. See also Rank's even more Oedipal *The Incest Theme in Literature and Language*, 1st edn., tr. Gregory Richter (Baltimore: Johns Hopkins University Press, 1992). See also Rank and Hanns Sachs, *The Significance of Psychoanalysis for the Mental Sciences*, tr. Charles R. Payne (New York: Nervous and Mental Disease Publishing, 1913).

남성 창조신화에 대해서는 다음을 참조. Alan Dundes, 'Earth-Driver: Creation of the Mythopoeic Male', *American Anthropologist*, 64 (1962): 1032-51.

Jacob A. Arlow, 'Ego Psychology and the Study of Mythology', *Journal of the American Psychoanalytic Association*, 9 (1961): 371-93.

Bruno Bettelheim, *The Uses of Enchantment* (New York: Vintage Books, 1977[1976]).

Géza Róheim, 'Psycho-Analysis and the Folk-Tale', *International Journal of Psycho-Analysis*, 3 (1922): 180-6; 'Myth and Folk-Tale', *American Imago*, 2 (1941): 266-79; *The Riddle of the Sphinx*, tr. R. Money-Kyrle (New York: Harper Torchbooks, 1974 [1934]); *Fire in the Dragon and Other Psychoanalytic Essays on Folklore*, ed. Alan Dundes (Princeton, NJ: Princeton University Press, 1992).

Alan Dundes, *Analytic Essays in Folklore* (The Hague: Mouton, 1975); *Interpreting Folklore* (Bloomington: Indiana University Press, 1980); *Parsing through Customs* (Madison: University of Wisconsin Press, 1987); *Folklore Matters* (Knoxville: University of Tennessee Press, 1989); *The Meaning of Folklore*, ed. Simon J. Bronner (Logan: Utah State University Press, 2007).

창조신화에 대해서는 다음을 참조. Erich Neumann, *The Origins and History of*

Consciousness, tr. R. F. C. Hull (Princeton, NJ: Princeton University Press, 1970 [1954]); Marie-Louise von Franz, *Creation Myths*, rev. edn. (Boston: Shambhala, 1995 [1st edn. (entitled Patterns of Creativity Mirrored in Creation Myths) 1972]).

Campbell, *The Hero with a Thousand Faces*. Citations are from the second edition (Princeton, NJ: Princeton University Press, 1968).

아도니스에 대해서는 다음을 보라. C. G. Jung, *Symbols of Transformation, Collected Works of C. G. Jung*, eds. Sir Herbert Read et al., trs. R. F. C. Hull et al., V, 2nd edn. (Princeton, NJ: Princeton University Press, 1967 [1956]), pp. 219, 223 n. 32, 258-9, 343 n. 79.

'영원한 어린이' 원형에 대해서는 다음의 문헌을 참조하라. Jung, *Symbols of Transformation*, pp. 257-9, 340; 'Psychological Aspects of the Mother Archetype', in *The Archetypes and the Collective Unconscious, Collected Works*, IX, Part 1, 2nd edn. (Princeton, NJ: Princeton University Press, 1968 [1959]), p. 106; Marie-Louise von Franz, *Puer aeternus*, 2nd edn. (Santa Monica, CA: Sigo, 1981 [1st edn. 1970]). On the archetype of the Great Mother, see especially Jung, 'Psychological Aspects of the Mother Archetype', pp. 75-110; Symbols of Transformation, pp. 207-444.

7장 신화와 구조

Claude Lévi-Strauss, 'The Structural Study of Myth', *Journal of American Folklore*, 68 (1955): 428-44, reprinted in *Myth: A Symposium*, ed. Thomas A. Sebeok (Bloomington: Indiana University Press, 1958), paperback (1965); also reprinted, slightly revised, in Lévi-Strauss, *Structural Anthropology*, trs. Claire Jacobson and Brooke Grundfest Schoepf (New York: Basic Books, 1963), chapter 11. Citations are from the Sebeok paperback. *Introduction to a Science of Mythology*, trs. John and Doreen Weightman, 4 vols (New York: Harper & Row, 1969-81), paperback (New York: Harper Torchbooks, 1970-82). Citations are from the paperback. The volumes are individually named: *The Raw and the Cooked, From Honey to Ashes, The Origin of Table Manners*, and *The Naked Man*. 'The Study of Asdiwal', tr. Nicholas Mann, in *The Structural Study of Myth and Totemism*, ed. Edmund Leach (London: Tavistock, 1967), pp. 1-47. André Akoun et al., 'A Conversation with Claude Lévi-Strauss'.

레비스트로스의 '신화-의례주의'에 대해서는 다음을 참조. 'The Structural Study of Myth'; 'Structure and Dialectics', in his *Structural Anthropology*, chapter 12; 'Comparative Religions of Nonliterate Peoples', in his *Structural Anthropology*, II, tr. Monique Layton (New York: Basic Books, 1976), chapter 5.

Vladimir Propp, *Morphology of the Folktale*; Georges Dumézil, *Archaic Roman Religion*, tr. Philip Krapp, 2 vols (Chicago: University of Chicago Press, 1970).

Jean-Pierre Vernant, *Myth and Thought among the Greeks*, tr. not given (London and Boston: Routledge & Kegan Paul, 1983); Vernant and Pierre Vidal-Naquet, *Myth and Tragedy in Ancient Greece*, tr. Janet Lloyd (Brighton: Harvester Press, 1981); Nicole Loraux, *The Invention of Athens*, tr. Alan Sheridan (Cambridge, MA: Harvard University Press, 1987).

Marcel Detienne, *The Gardens of Adonis*, tr. Janet Lloyd (Hassock: Harvester Press; Atlantic Highlands, NJ: Humanities Press, 1977).

8장 신화와 정치

모든 신화가 정치적이라고 보는 극단적 입장에 대해서는, 다음의 두 권을 보라. Robert Ellwood, *The Politics of Myth* (Albany: State University of New York Press, 1999); Bruce Lincoln, *Theorizing Myth* (Chicago: University of Chicago Press, 2000).

Malinowski, 'Myth in Primitive Psychology'.

Georges A. Sorel, *Reflections on Violence*, trs. T. E. Hulme and J. Roth (New York: Collier Books; London: Collier-Macmillan, 1961[1950]).

Stefan Arvidsson, *Aryan Idols*, tr. Sonia Wichmann (Chicago: University of Chicago Press, 2006 [2000]).

국가의 신화에 대해서는 다음의 연구를 보라. Henry Nash Smith, *Virgin Land* (Cambridge, MA: Harvard University Press, 1950); Richard T. Hughes, *Myths America Lives By* (Urbana: University of Illinois Press, 2004); George S. Williamson, *The Longing for Myth in Germany* (Chicago: University of Chicago Press, 2004); Geoffrey Hosking and George Schöpflin, eds., *Myths and Nationhood* (London: Hurst, 1997).

신화와 이데올로기에 대해서는 다음을 참고하라. Ben Halpern, '"Myth" and "Ideology" in Modern Usage', *History and Theory*, 1 (1961): 129-49; Christopher G.

Flood, *Political Myth* (New York: Routledge, 2001[1996]).

Ernst Cassirer, *The Myth ofthe State* (New Haven, CT: Yale University Press, 1946); *Symbol, Myth, and Culture*, ed. Donald Phillip Verene (New Haven, CT: Yale University Press, 1979), pp. 219-67.

Dumézil, *Archaic Roman Religion*; *Mitra-Varuna*, tr. Derek Cottman (New York: Zone Books, 1988 [1948]); *Gods of the Ancient Northmen*, ed. Einar Haigen (Berkeley: University of California, 1973[1959]).

Girard, *Violence and the Sacred*.

그리스와 다른 문화의 모권제도에 대해서는 다음을 참조. J. J. Bachofen, *Myth, Religion, and Mother Right*, tr. Ralph Manheim (Princeton, NJ: Princeton University Press, 1967).

Herodotus, *The Histories*, tr. Aubrey de Sélincourt, rev. and ed. A. R. Burn (Harmondsworth: Penguin, 1972 [1954]).

Aristotle, *Constitution ofAthens and Related Texts*, trs. Kurt von Fritz and Ernst Kapp (New York: Hafner Press, 1974 [1950]).

Pierre Vidal-Naquet, 'The Black Hunter and the Origin of the Athenian Ephebeia', in *Myth, Religion and Society*, ed. R. L. Gordon (Cambridge: Cambridge University Press, 1981), pp. 147-62.

결론: 신화를 다시 세상으로

James Lovelock, *Gaia: A New Look at Life on Earth* (Oxford and New York: Oxford University Press, 1979); reprinted with new preface (2000); *The Ages of Gaia* (1988 [2nd edn. 1995]); *Gaia: Medicine for an Ailing Planet*, rev. edn. (London: Gaia Books, 2005) [1st edn. 1991]); *The Revenge of Gaia* (London: Penguin Books, 2007[2006]).

신화란 무엇인가

찾아보기

신화란 무엇인가

로버트 시걸(Robert A. Segal)

영국 스코틀랜드 애버딘(Aberdeen)대학교의 종교학 교수. 1994년 미국에서 영국으로 이주한 다음 랭커스터(Lancaster)대학교를 거쳐 애버딘대학교 종교학 과장으로 재직하면서 종교 이론과 신화학을 가르친다. *Theorizing about Myth, Joseph Campbell, Gnostic Jung, The Myth and Ritual Theory, Hero Myths, The Handbook of Myth Theory* 등 여러 권의 책을 저술하거나 편집했다.

대우휴먼사이언스 013

신화란 무엇인가
신화의 이론과 의미

1판 1쇄 찍음 | 2017년 1월 5일
1판 1쇄 펴냄 | 2017년 1월 15일

지은이 | 로버트 시걸
옮긴이 | 이용주
펴낸이 | 김정호
펴낸곳 | 아카넷

출판등록 | 2000년 1월 24일(제406-2000-000012호)
주소 | 413-210 경기도 파주시 회동길 445-3
전화 | 031-955-9511(편집)·031-955-9514(주문)   팩시밀리 | 031-955-9519
www.acanet.co.kr | www.phildam.net

© 아카넷, 2017

Printed in Seoul, Korea.

ISBN 978-89-5733-531-4 94210
ISBN 978-89-5733-452-2 (세트)

이 도서의 국립중앙도서관 출판예정도서목록(CIP)은 서지정보유통지원시스템 홈페이지(http://seoji.nl.go.kr)와 국가자료공동목록시스템(http://www.nl.go.kr/kolisnet)에서 이용하실 수 있습니다.(CIP제어번호: CIP2016032556)

이 제작물은 아모레퍼시픽의 아리따글꼴을 사용하여 디자인 되었습니다.